迈向碳中和

能源转型中国方案

肖忠湘 著

电子工业出版社
Publishing House of Electronics Industry
北京·BEIJING

未经许可，不得以任何方式复制或抄袭本书之部分或全部内容。
版权所有，侵权必究。

图书在版编目（CIP）数据

迈向碳中和：能源转型中国方案 / 肖忠湘著. —北京：电子工业出版社，2023.1
ISBN 978-7-121-40172-5

Ⅰ. ①迈… Ⅱ. ①肖… Ⅲ. ①中国经济－低碳经济－经济发展－研究 Ⅳ. ①F124.5

中国版本图书馆 CIP 数据核字（2022）第 214462 号

责任编辑：张春雨　　　　特约编辑：田学清
印　　刷：三河市双峰印刷装订有限公司
装　　订：三河市双峰印刷装订有限公司
出版发行：电子工业出版社
　　　　　北京市海淀区万寿路 173 信箱　　邮编：100036
开　　本：720×1000　1/16　印张：16　字数：190 千字
版　　次：2023 年 1 月第 1 版
印　　次：2023 年 1 月第 1 次印刷
定　　价：89.00 元

凡所购买电子工业出版社图书有缺损问题，请向购买书店调换。若书店售缺，请与本社发行部联系，联系及邮购电话：(010) 88254888，88258888。

质量投诉请发邮件至 zlts@phei.com.cn，盗版侵权举报请发邮件至 dbqq@phei.com.cn。

本书咨询联系方式：(010) 51260888-819，faq@phei.com.cn。

在人类文明的演进过程中，能源就像一只巨大的引擎，推动着全球经济向前发展。然而，严重依赖于煤炭、石油等化石能源的传统发展模式，造成了温室气体二氧化碳的超量排放，致使碳源与碳汇失去自然平衡。进而引起了诸如海平面上升、生物多样性被破坏、极端气候事件频发等环境问题，并反过来影响了全球经济的发展，人类的生存环境同样遭遇了前所未有的威胁。

PREFACE
序言

当下，化石能源依然占据着世界能源市场的主导地位，占比始终保持在80%以上。发达国家能源消费在高位徘徊，发展中国家能源需求加快增长的局面仍将是近中期的常态，这也导致日益严峻的全球气候问题，并且不断耗尽的碳预算使得当前的能源转型态势更显焦灼。当前，恰逢"世界百年未有之大变局"，能源同样走到了令人难以抉择的十字路口，化石能源的"去与留"仿佛成为一个难以解答的问题。所幸，发展愿景呈现出"于无声处听惊雷，于无色处见繁华"的样貌。随着气候治理日渐成为全球关注的焦点，截

迈向碳中和：能源转型中国方案

至 2021 年 3 月，全球已有 127 个国家和地区做出了"碳中和"承诺。全球"零碳竞赛"已徐徐拉开序幕。

能源不仅是经济社会发展的物质基础，能源安全更是关系国家安全的重要组成部分。日趋激烈的能源市场竞争使能源安全问题更加突显。在中国，能源安全问题异常突出。自 2018 年起，我国便成为全球第一大天然气进口国，2021 年天然气对外依存度达到了 46%；石油进口量同样居全球首位，2021 年石油对外依存度高达 72.2%，形势已十分严峻。随着经济社会发展、工业化和现代化进程的持续推进，我国对能源的需求必定有增无减。可见，能源安全问题与实现"能源独立"，已成为横亘在实现中华民族伟大复兴道路上的一条必须逾越的鸿沟。

能源消费、经济发展与环境之间的严重不协调，使得化石能源系统在支撑国家能源安全和可持续发展方面显得乏力。化石能源逐渐退出时代大舞台的号角已经吹响。能源变革与能源转型正悄然加速，未来已变，唯变不变。

正如英国引领了第一次能源变革，进而领导了第一次工业革命；美国引领了第二次能源变革，进而领导了第二次工业革命。可见，中国如果要领导下一次工业革命，实现中华民族的伟大复兴，就必须先引领第三次能源变革。

如果说能源变革与工业革命是过去"种下的因"，那全球气候问题便是现在"结出的果"，这又将为"双碳革命"种下"未来的因"。本书既有从宏观层面对中国能源困局和历史转向的现状与问题的剖析，也有从微观层面对能源行业及企业转型发展的讨论，还有对中国能源独立之路的思考和建议。总之，全书逻辑清晰、观点新颖，是一部理论结合实际的难得的创新性作品，相信能给大家提供有益借鉴，也将引发更多读者对能源转型与能源独立问题的关注和思考。

国家"863"计划首席科学家、国务院政府特殊津贴专家、全国劳动模范

石玉林

PREFACE
前言

中华人民共和国成立以来,在各方面的发展都取得了举世瞩目的成就,如在经济、军事、科技、社会、文化等领域都取得了巨大的进步。改革开放以来,我国成为全球第一人口大国、世界第二大经济体、"世界最大工厂",出口贸易规模多年来居世界第一。预计在不久的将来,我国有望成为全球第一大经济体。由于政治环境稳定、产业基础成熟、经济稳步增长、市场空间大等因素,我国正在逐渐发挥世界经济"安全岛"的作用。世界金融和经济格局正在发生重大变化,我国正在日益接近全球经济中心或者已然身处其中。

立足当下,回顾过去,展望百年,中国人民最大的期待莫过于实现中华民族的伟大复兴。其中,和平统一与和平崛起是实现"中国梦"绕不开的两大主题。这两大主题的实现都强调一个大前提:不允许有很明显的短板。近年来,随着新型冠状病毒肺炎疫情(以下简称新冠肺炎疫情)肆虐、逆全球化潮流涌动、贸易保护主义事件频发,我国对粮食安全、能源安全、产业链/供应链安全空前重视。而在三者中，能源安全有可能成为我国比较明显的短板。能源是经济社会发展的物质基础，能源问题从来不是一个小问题。对于中华民族的伟大复兴来说，能源安全犹如一把高悬的达摩克利斯之剑，既是重要的发展基础，也是我们面临着的巨大挑战。

一是能源消费刚性增长与能源安全、稳定、可持续供给之间的矛盾带来的挑战。经济的持续增长必然带来能源消费的刚性增长。2020年我国能源消费总量为49.8亿吨标准煤，而产量为40.8亿吨标准煤，能源自给率约为81.93%。也就是说，我国能源实现自给自足还有近20%、近9亿吨标准煤的缺口，这可不是小数目，相当于美国能源消费总量的1/3、欧盟的1/2。从能源储量来看，根据自然资源部和国家统计局公布的相关数据，2020年我国煤炭、石油和天然气的储产比（剩余可采储量与当年产量之比）分别为42.3年、18.56年和32.6年。换句话说，在没有新增探明储量的情况下，如果我国今后的能源产量维持2020年的产量，煤炭、石油和天然气将分别于2063年、2039年和2053年消耗殆尽。因此，《中共中央 国务院关于完整准确全面贯彻新发展理念做好碳达峰碳中和工作的意见》提出发展目标，2025年、2030年我国的非化石能源占比分别要达到20%、25%左右，而2060年则要达到80%以上。若不能解决能源可持续发展问题，我国的经济社会发展、企业生产和居民生活可能面临"无能可用"的困境。当然，随着科技的进步，我们可能勘探出新的能源，能源开发利用技术水平的提升也将持续提升全球能源供应能力，预测的化石能源枯竭期会被不断推迟。但与此同时，全球正在掀起一场以碳中和为核心的能源变革，历史的滚滚车轮正在让化石能源陷入"石器时代终结前的石头"的尴尴尬境地，而能源消费增长又在延续甚至加剧能源安全、稳定、可持续供给的挑战。

二是资源环境约束"强"与能源利用效率"低"之间的矛盾带来的"效能提升挑战"。《BP 世界能源统计年鉴》（2020 版）显示，2019 年我国单位 GDP 能耗高达 341.9 吨标准煤/百万美元，约为全球平均水平的 1.5 倍，约为英国的 3.5 倍、美国的 2.2 倍、日本的 2.8 倍。我国能源系统开发、能源输送、能源消费等环节普遍存在效率不高的问题。2020 年，我国二氧化碳排放总量达到 106.68 亿吨，全球为 348 亿吨，我国的排放量约为全球总排放量的 1/3，是美国的 2 倍多、欧盟的 3 倍多，我国成为全球最大的碳排放经济体。近年来，国际社会要求我国控制碳排放的呼声增高，我国未来将面临巨大的温室气体减排压力和能源清洁利用改善压力。

三是能源供给中心与消费中心逆向分布带来的"高效配置挑战"。我国 80% 以上的清洁能源分布在西部地区和北部地区，如太阳能、风能资源主要分布在西北部地区，水能资源则主要集中在西南部地区，而 75% 以上的用能需求集中在中东部地区和南部地区，供需两者之间相距 1000~4000 千米。能源大容量、长距离、大范围转移产生了高昂的成本，能源供应和需求逆向分布的历史困局亟待解决。

四是能源"一煤独大，油气不足"与新能源青黄不接带来的"结构优化挑战"。2020 年，我国化石能源消费占能源消费总量的 85% 左右，其中煤炭消费量占能源消费总量的 56.8%，"一煤独大，油气不足"的能源消费结构导致我国能源消费不清洁、对外依存度持续上升等弊病日渐显现。近

> >> 迈向碳中和：能源转型中国方案

年来，尽管我国在新能源方面取得了快速发展，但是新能源消费比例仍徘徊在 15%左右，短时间内"远水解不了近渴"，化石能源结构亟待重构，新能源青黄不接的问题日益逼近。2060 年，我国要实现非化石能源占比达到 80%以上的目标，也就意味着我们要在近 40 年时间内完成新能源与化石能源地位的历史性更替。要知道，能源变革背后往往伴随着工业变革，进而引发产业变革、经济社会变革与金融变革等，这一系列变革将带来巨大的不确定性。

五是能源消费"大国"与能源定价"小国"之间的矛盾带来的"国际地位提升挑战"。在全球能源体系中，我国是第一消费大国、第一进口大国，但是我国对全球能源体系的影响有限，尤其是石油体系，我国基本游离在全球能源定价体系之外，既是后来者，又是世界能源市场上的价格追随者。全球能源消费"大国"与能源定价"小国"的尴尬角色，导致我国在处理能源对经济增长造成的负面影响时常常力不从心。

六是在地缘政治与非传统安全问题加剧下的"外交突围挑战"。2020 年，我国石油和天然气的对外依存度分别达到了 73%和 43%。其中，进口石油花费高达 1.22 万亿元，仅次于芯片和集成电路硅，而石油进口的主要来源集中在中东地区。近年来，这些地区民族和宗教矛盾激烈，地缘政治处于不稳定态势，严重威胁着我国石油供应的稳定。我国 90%的进口石油运输需要依靠海运，其中 80%要经过马六甲海峡，45%要经过霍尔木兹海峡。石油进口的海运路线过于集中，抗风险能力差，安全系数低。近年来，部分国家"民粹主义"抬头，频繁制造国际贸易摩擦和国际贸易壁垒，以及美国在中东地区的战略收缩，叠加部分国家对我国崛起的围追堵截，出现修昔底德陷阱①也许在所难免。2022年年初,俄乌冲突爆发,石油能源市场动荡,"傍人门户"的能源领域是否会重演芯片式被"卡脖子"的闹剧,犹未可知。

能源作为一国经济发展的命脉,其战略制定与实施关乎国计民生。中国正前所未有地走近世界舞台中央,中国的崛起和发展都要求能源安全不能出问题。但是,能源安全是买不来的。在此背景下,我国的能源发展前景如何?

面对历史性变局,我们试图通过《迈向碳中和:能源转型中国方案》一书为中国能源的可持续发展探路。本书支持中国能源独立、新能源外交等主张,并建议通过"实现一个变革、完成两个脱钩、打赢三大替代战役、实现四个突破"的思路和"三步走"战略实现能源的可持续发展。"一个变革"指,实现能源由资源属性向制造业属性的底层逻辑与顶层设计的变革;"两个脱钩"指,完成经济社会发展与碳排放逐步脱钩、能源发展与化石能源逐步脱钩;"三大替代战役"指,能源生产清洁替代、能源配置智能替代、能源消费电气替代;"四个突破"指,能源互联网建设突破、能源市场建设突破、能源科技创新突破、能源外交突破,并通过新能源对化石能源的"增量替代、存量替代、全面深化"的"三步走"战略探出一条具有中国特色的能源独立之路、转型之路,开启属于中国时代的"新能源"外交。

---

① 指新兴大国与守成大国之间的冲突。

本书以碳中和为发展愿景，立足全球能源变革历史节点，擘画能源发展新蓝图。全书分为五章：第一章主要介绍碳中和时代的能源变革；第二章主要阐述世界能源变局对于政治、经济、科技、气候治理乃至大国竞争格局的深远影响，以及世界主要能源供应国和主要能源消费国的政策走向及能源策略，以求知己知彼；第三章主要介绍中国能源的现状和能源发展面临的挑战；第四章重点介绍中国能源转型之路、独立之路，以及新能源外交等构思；第五章则针对煤炭、石油、电力及新能源科技企业，提出了应对能源变局的发展建议。

历史，从来都是由不惑的知者、不忧的仁者及不惧的勇者共同创造的，伟大的时代和伟大的国度总要有忧国忧民的英雄儿女来未雨绸缪。谨以此书献给即将到来的新能源时代和伟大的祖国，期待本书能为中国早日实现能源独立、自主、安全贡献绵薄之力！

CONTENTS
目录

第一章 碳中和时代的能源变革

能源意味着什么   2

全球能源消费特征及问题   9

能源转型的六大趋势   23

为什么要实现能源转型   34

第二章 世界能源变局与主要经济体能源动向

世界能源变局   44

能源主要供应国：向左还是向右   56

能源主要消费国：路在何方   79

第三章 中国能源困局和历史的转向

中国能源现状 93

中国能源需求预计 110

中国能源发展面临的六大挑战 117

第四章 中国能源转型之路

总体构思 139

能源转型"三步走" 142

实现"一个变革" 150

完成"两个脱钩" 151

打赢"三大替代战役" 158

实现"四个突破" 184

第五章　中国能源企业的未来

浴火重生：火电与煤炭企业的转型　　206

柳暗花明：石油企业的未来　　216

风生水起：渐行渐近的新型电力体系　　225

追风逐日：能源科技企业的归宿　　233

第一章
碳中和时代的
能源变革

人类石器时代的结束并不是因为石头匮乏。

——OPEC 主要创始人谢赫·艾哈迈德·扎希·亚马尼

能源意味着什么

1990年秋，时任第41任美国总统的乔治·布什似乎有点进退两难。

这一年的8月2日凌晨，时任伊拉克总统的萨达姆·侯赛因以科威特从伊拉克领土上抽取石油为借口，动用10万人卫队越过科伊边境。科威特的皇室家族被迫逃往沙特阿拉伯。布什总统当即表示谴责，并宣布执行"沙漠盾牌"行动。但他很快陷入了两难的局面：他很想让美国人民相信，在波斯湾干涉侵略至关重要，但是他又不愿意回答为什么这个地区对美国至关重要这个问题——答案是石油。

时任民主党政策顾问的特德·迪克甚至调侃道："如果海湾生产海鸟粪，我们决不会向那里调兵遣将。"

是的，石油很重要。人类的工业化、社会的现代化、全球经济的发展，甚至近现代的大多数战争都与石油有关。纵观历史，人类诞生以来就开始了一段生生不息的伟大征程。在这段征程中，能源是一支"魔笔"，描绘了一幅纷繁复杂、波诡云谲而又波澜壮阔的世界画卷。

那么，能源意味着什么呢？

首先，从历史的角度来看，能源是人类社会运行的基础，是文明进步的核心动力。

人类文明的发展史就是一部人类能源利用的进化史。

第一章 碳中和时代的能源变革

不管是在东方还是在西方，不同民族的传说不约而同地把火的出现当作文明的开端。在东方文明中，流传着钻木取火的故事。相传燧人氏因鸟啄燧木出现火花而受到启示，通过钻木取火开创了华夏文明，因而被后世之人奉为三皇之首。在西方，流传着普罗米修斯盗火的神话。传说地球上本没有火，人类茹毛饮血、"度夜如年"。普罗米修斯为了造福人类，从太阳神阿波罗那里盗走了一星火种。东窗事发后，宙斯下令将普罗米修斯束缚在高加索山，又派了一只嗜血之鹰叼食其血肉，使其饱受折磨，以惩戒其罪行。

关于火的传说不胜枚举。人类对火的崇拜也不难理解，因为火的出现，人类掌握了一种支配自然的力量。人类对火的使用不仅增强了人类自身生存的能力，还使得草木、秸秆、柴薪等能源成为人类社会生产和生活的动力之源，极大地提高了生产力，加快了文明发展的进程，并推动人类社会摆脱了食不果腹、衣不蔽体的茹毛饮血的时代，步入了刀耕火种的农耕时代。人类对火的推崇反映的是自古以来人类对能源使用的敬畏。

柴薪作为人类初始阶段的能源，伴随人类长达数千年之久，但是刀耕火种无法满足人类社会对发展的渴望。13世纪，煤炭作为一种易开采、热值高的新型"燃料"闪亮登场了。1776年，瓦特制造出第一台有实用价值的蒸汽机。18世纪80年代，煤炭在一次能源①消费比例中超过了柴薪，成为人类生产、生活的主要能源，这也预示着第一次能源变革圆满结束。

煤炭的大规模开采，不仅让蒸汽机从实验室走向实践，还让人类摆脱

---

① 一次能源指以天然形式存在、未经加工转换的能量资源。

了依赖人力、畜力和手工工具的生产方式，极大提高了社会劳动生产率，至此人类社会开始告别农耕时代，迈向了利用机械力的工业文明时代。煤炭和蒸汽机推动着个体生产向社会化生产的转变，造就了人类第一个发展黄金时代。

19世纪，历史进一步向前发展。1846年，加拿大地质学家亚伯拉罕·皮诺·格斯纳成功地从煤炭里炼制出煤油，并将其变成照明燃料。1859年，美国人埃德温·德雷克在宾夕法尼亚州泰特斯维尔镇的一个村庄里，用现代深水油井的钻井技术挖出了世界上第一口油井。20世纪20年代，石油资源的大规模开采，尤其是柴油机、汽油机的发明和大规模使用，使得石油的使用量迅速增加，作为"黑色金子""工业食粮"的煤炭开始被石油所替代。在石油和内燃机等的推动下，从煤炭到石油转型的第二次能源变革将工业文明推向了一个新的高度，带来了第二个发展黄金时代，进一步促进了生产规模扩大与贸易全球化。

无论是柴薪还是煤炭、石油，能源都是人类历史长河中的核心动力，推动着历史的巨轮不断进入新的时代。毫不夸张地说，人类的文明都是建立在能源的基础上的。人类每次向新文明的跃进，都离不开能源变革这个伟大的"幕后推手"。

其次，从国运的角度来看，能源常常与世界经济、政治格局相关联，是大国崛起的"踏脚石"。

1764年，一名叫詹姆斯·哈格里夫斯的英国纺织工发明了珍妮纺织机，从而引发了技术革新的连锁反应，揭开了人类历史上第一次工业革命的序幕。此后，随着改良蒸汽机与蒸汽机车的问世，英国率先进行了第一次工业革命。第一次工业革命是人类历史上第一次大规模的劳动力解放，它推动着英国一步步坐上了"日不落帝国"的宝座。

人类历史书上写下了一个结论：第一次工业革命造就了大英帝国。这当然没有错，但是仔细想想，如果没有能源的支撑，英国工业革命能否顺利进行？其霸主地位又能稳固吗？

其实，在英国崛起之前，荷兰才是海上最早的霸主。

当时的荷兰在泥炭资源的支撑下，石灰烧制和啤酒酿造两大能源密集型产业迅速发展，并打造了世界制糖业的中心——阿姆斯特丹。依靠泥炭资源优势迅速发展起来的经济使荷兰的军事实力得到了强劲的支撑，荷兰海军不断壮大且扬威全球，并由此建立了世界性的商业网络。1680年前后，荷兰的泥炭资源开始枯竭，其经济、军事发展受到制约，开始走向衰落。

在荷兰后继无力之际，英国凭借煤炭资源丰厚、主要产煤区紧靠河流及海边的运输优势迅速崛起。到 19 世纪，英国的煤产量占比已经逐渐达到全球总产量的近 80%，采煤业已然成为其新兴工业之一。再加上焦炭炼铁技术的数次重大突破，煤炭开始被大规模运用于冶炼行业，整个英国的能源结构由此彻底地改变了。在 19 世纪 40 年代，英国建立了世界上最高效的冶金业，从钢铁进口国升级为钢铁强国！到 1850 年，英国的钢铁产量占世界总产量的一半。同时，在蒸汽机的助力之下，煤炭被广泛应用于生产、生活中。到 19 世纪后期，英国已经利用煤炭优势建立了当时世界上技术最先进、最有活力和最繁荣的经济体，为此后用坚船利炮轰开许多国家的大门，进而打造"日不落帝国"的神话奠定了雄厚的基础。

时代的进步永不会停滞。1859年,美国人埃德温·德雷克在宾夕法尼亚州泰特斯维尔镇的一个村庄里挖出了第一口具有划时代意义的油井,石油主宰的时代悄然来临。

19世纪70、80年代,随着内燃机、柴油机、电力等新发明、新技术相继问世,内燃汽车、远洋轮船、飞机等现代交通工具迅速发展,欧美等发达资本主义国家纷纷坐上了第二次能源变革与工业革命的快车。例如,内燃机的发明极大地推动了石油开采业和石油化工业的发展,全世界石油生产量迅速从1870年的80万吨增加到了1900年的2000万吨。在1900年前后,美国的能源结构开始从煤炭向石油转型,丰富的石油资源加速了美国的工业化进程。从20世纪20年代到60年代,依靠廉价的石油资源、运输体系及相关基础设施,美国迎来了经济发展的关键时期。

当第一次世界大战结束的时候,美国已经能够与老牌霸主英国平起平坐。在第二次世界大战前后,美国建立了当时世界上最强大的军事和工业复合体。正是依靠石油优势,美国不仅成为首屈一指的军事强国,还成为取代"日不落帝国"的又一霸主。此后,美国将石油资源作为战略武器,让美元和石油挂钩,进而形成了美元霸权的局面。美元成为石油时代的"寄生虫",疯狂蚕食着全球财富。

在一个多世纪的时间里,能源变革从泥炭到煤炭再到石油,最强国的称号从"海上霸主"落到"日不落帝国"再落到"美利坚"头上。世界政治、经济发展史表明,能源的变革常常伴随着国际政治、经济格局的变化。

再次,从产业的角度来看,能源几乎是贯穿所有行业的命脉,是创

第一章　碳中和时代的能源变革

造财富的源泉。

1921年，82岁高龄的"石油大王"约翰·洛克菲勒已经富可敌国，成为美国历史上第一个亿万富豪。100年后的2021年，埃隆·马斯克凭借新能源优势问鼎世界首富。

在2021年《财富》世界500强的榜单中，能源公司在前5之中占据了3席。有意思的是，这3家公司都来自中国，分别是国家电网有限公司、中国石油天然气集团有限公司、中国石油化工集团有限公司，这表明能源领域不仅是"国之大者"，更是"商之大者""民之大者"。一方面是因为能源重要，另一方面是因为能源需求大、市场大。在《财富》世界500强上榜公司所在的50多个细分行业中，能源相关行业的公司为65家，占500强榜单的比重达到了13%。

能源是经济发展的食粮，也是国民经济的命脉。回望百年，能源领域流传着太多风云人物与商业巨子的传说。如果说商业是一座洞悉未来的瞭望塔，那么能源领域一定是人们通过这座瞭望塔看到的一望无际的大海，但凡敢在这片海域里扬帆的，无论是企业还是个人都非等闲之辈。

最后，能源是全社会和寻常人离不开的"柴米油盐酱醋茶"。

纵观古今，人类社会的一切活动都离不开能源，无论是生老病死还是衣食住行，我们无法想象没有能源的日子。从农村到集镇再到城市，都将能源作为物质基础。从故乡的袅袅炊烟到工厂的滚滚浓烟，再到城市的轰鸣，都以能源为血液，是能源在驱动着社会的运转。

人们常说"民以食为天"，其实，我国在能源领域面对的问题要比粮食领域严峻得多。我们可以大胆地设想一下，假如我国海上运输通道被切断，石油和天然气供给被封锁，能源持续供应无法保障，那么在几个月内，工厂会被迫停产，服务业会停止运营，人员流动受限，天空中的飞机、陆地上的汽车、江海上的轮船会由于失去动力而成为一堆废铁，届时整个国家的生产、生活、交通、军事运作都将受到极大冲击，社会将陷入混乱。

这并不是危言耸听，日本科幻电影《生存家族》讲述的内容就是关于能源危机的。某天，突发全球性停电，一切用电的工具都不能使用。在这样的环境中，一家4口开始了由东京向农村的逃亡之路。然而，这并不是一次我们过惯了寻常日子的人所能想象的"郊游"，而是一次生死逃亡。由于停电，想要吃顿饭、喝口水、打个电话都变得异常艰难，金钱变成了废纸，还不如食物和水实用，房子也成了"寄宿"空间。在极端的假设下，电影没有设定正反派，没有去假设在能源缺失情况下的人性之恶，镜头里出现的都是无助、无望、濒临崩溃的普通人，却极大地触动了每个平凡人的心。

2021年9月，我国东北某些地区突然限电，出现红绿灯停用、不少商家点蜡烛经营的情况。后来，国家电网做出了解释，在对非居民执行有序用电措施后仍存在电力缺口，整个电网有崩溃的危险，所以才采取了对居民限电的措施。

虽然是虚惊一场，但足以证明我们对能源的依赖如此之强。能源离我们如此之近，但我们常常忽略了这个事实：哦，原来能源如此重要！

全球能源消费特征及问题

自18世纪以来，随着人类社会逐渐实现能源的工业化生产与大规模应用，人类文明迸发出前所未有的活力与创造力，不断迈入新的发展阶段。时至今日，我们生产、生活的方方面面都已经离不开能源，现代社会经济的发展更是与化石能源紧密相关，当下的全球能源消费体现出以下几大特征。

一是全球能源消费结构逐渐多元化，但化石能源仍占主导地位。

英国石油公司（BP）发布的《BP世界能源统计年鉴》（2021版）显示，2020年世界能源消费总量为190亿吨标准煤，共计556.63艾焦。其中，石油占31.2%，居第1位；煤炭占27.2%，居第2位；天然气占24.7%，居第3位。其次为水能、可再生能源与核能，分别占6.9%、5.6%与4.3%。

随着能源开发利用技术的进步、化石能源供应趋于紧张及各国对能源供应安全的担忧和重视，实现能源结构多元化、降低对单一能源品种的依赖成为世界各国共同的战略目标。随着国际社会日益关注环境问题及能源开发利用技术的不断进步，替代煤炭和石油的清洁能源发展迅速，煤炭和石油在一次能源总需求中的份额进一步下降，天然气、核能和可再生能源（光电、风电、生物质能发电）的份额不断提高。例如，在经济合作与发展组织（简称OECD）国家中，煤炭消费的比重不断下降，天然气消费的比重已经超过煤炭居第 2 位。近年来，核能、风能、太阳能和生物质能的发展正在加快，但是也面临不小的挑战。除了受技术因素的影响，经济性也是一个制约因素。当下，化石能源依旧占据世界能源消费的主导性地位，占比保持在 80% 以上，非化石能源大规模替代化石能源的路还很长。预计在 2030 年之前，石油、天然气和煤炭等化石能源仍将是世界的主流能源。

二是全球能源消费总量大且持续增长，发达国家能源消费在高位徘徊，发展中国家能源需求加快增长。

从能源消费的增长情况看，2020 年世界能源消费总量约为 190 亿吨标准煤，较 2010 年上涨 10.14%，尽管个别年份略有波动，但从整体来看，全球能源消费总量持续增长。

从经济主体层面看，发达国家已经处于能源消费的缓慢增长期。发展中国家为摆脱贫穷和落后局面，正致力于加快发展，其能源消费的增长也在加快。《BP 世界能源统计年鉴》（2021 版）数据显示，2020 年，OECD 成员国一次能源消费总量占世界能源消费总量的 39%，共计 217.11 艾焦，虽然较 2010 年相比降低了 7%，但总量基本稳定在 75 亿吨标准煤左右。在 OECD 国家中，有 3/4 是发达国家，其中包括美国、英国、法国、德国、意大利、加拿大、荷兰、比利时、卢森堡、奥地利、瑞士等。

相比之下，近年来全球能源消费总量增幅几乎都来自非 OECD 国家。2020 年，非 OECD 国家一次能源消费总量为 339.52 艾焦，约为 116 亿吨标准煤，占世界能源消费总量的 61%，较 2010 年上升了 25 个百分点。在非 OECD 国家中，中国、印度的能源消费总量占比分别为 42.84% 和 9.42%，能源消费总量约为 50 亿吨标准煤和 11 亿吨标准煤。据国际能源署（IEA）预测，到 2030 年全球能源需求总量将以年均 1.2%～1.6%的速度增长，而其中 70%的需求增长来自发展中国家。

虽然近 10 年来全球能源消费增量主要来自发展中国家，但不得不提的是发达国家早在工业化和后工业化进程中，便形成了高消耗的产业用能、交通用能和建筑物用能体系。《BP 世界能源统计年鉴》（2021 版）数据显示，2020 年 OECD 国家的一次能源人均消费量达到了 159.1 吉焦/人，约 5.43 吨标准煤/人，是非 OECD 国家 1.8 吨标准煤/人的 3 倍多。不过，随着发展中国家工业化进程的加快，全球能源需求总量加快增长将成为不争的事实。

三是能源资源分布集中，配置远程化、能源系统智能化与消费电气化趋势明显。

从能源储量来看，化石能源在全球的分布不均衡。在目前全球的化石能源分布中，煤炭储量前 5 位国家的总储量占全球储量的 75%，而石油、天然气储量前 5 位的国家，分别占了全球储量的 62%和 67%[1]。换句话说，全球 2/3~3/4 的化石能源集中在储量前 5 位的国家中。

从能源生产和消费的区域分布来看，煤炭生产和消费集中于亚太地区，中国是世界上最大的煤炭生产和消费国；石油生产集中于中东、中南美和北美地区，但是消费遍及全球；天然气生产与消费主要集中于欧亚大

---

[1] 参见中国工程院院士、清华大学碳中和研究院院长贺克斌出席"2021 新华网思客年会"发表的主旨演讲。

陆和北美地区。化石能源供应的集中度较高，但生产和消费的地理分布并不均衡。《BP 世界能源统计年鉴》（2021 版）数据显示，2020 年中东地区和俄罗斯石油产量合计占全球总产量的 43.74%，而其石油消费量只占全球消费总量的 12.72%。相比之下，北美、欧洲（不含俄罗斯）和亚太地区石油产量合计占全球总产量的 37.94%，其消费量却占全球消费总量的 75.99%。化石能源生产和消费的分布不均衡使得能源资源的大范围配置成为必然。

除了化石能源，风能、太阳能的集中规模化开发和远距离输送也成为重要趋势，这对能源资源规模化配置提出了更高要求。然而，就这个要求来讲，所有的一次能源都可以转换成电能，电能可以较为方便地转换为机械能、热能等其他形式的能源并实现精密控制，使得电能的清洁、高效、便捷的优势发挥得淋漓尽致。可见电网作为能源大规模优化配置的重要载体，其建设极有可能受到重视，大电网互联成为世界各地电网的发展趋势。这进一步要求，先进的通信、信息和控制技术与能源生产、运输、消费各环节相结合，实现各种能源协调互补、能源流和信息流高度一体化融合，推动能源系统往智能化方向发展。

四是气候变化对能源发展的影响变大，低碳和无碳能源成为新趋势、新需求。

随着人们对温室气体排放与地球气候变化之间关系的认识不断加深，要求国际社会采取对策努力限制或减少温室气体排放的呼声越来越高。全球气候问题日益严峻，尤其是进入 21 世纪以来，各国经济呈现出高速发展的态势，伴随而来的是全球碳排放量的迅猛增加。

全球碳预算（GCB）数据库的相关数据显示，截至 2020 年全球二氧化碳排放总量达到了 348 亿吨，相较于 1990 年的 227.5 亿吨，涨幅超过了 50%（见表 1-1）。其中，排名前 6 经济体的二氧化碳排放总量占全球排放总量的近七成，而除中国外五大经济体的二氧化碳排放总量占比接近全球排放总量的 40%。早在 1990 年，欧盟碳排放量就已经达到 48.54 亿吨的峰值，此后开始下降。英国于 1990 年达到峰值，美国、日本分别于 2007 年、2013 年达到峰值。目前，全球已经有 50 多个国家实现碳达峰。

表 1-1　全球各大经济体碳排放总量对比

经济体	二氧化碳排放总量（亿吨） 1990 年	二氧化碳排放总量（亿吨） 2020 年	涨幅（%）
中国	24.85	106.68	329
美国	51.14	47.13	-8
印度	5.79	24.42	322
俄罗斯	25.26	15.77	-38
日本	11.58	10.31	-11
欧盟	48.54	29.3	-40
德国	10.53	6.44	-39
英国	6.33	3.63	-43
……	……	……	……
全球总量	227.5	348	53

数据来源：GCB 数据库。

许多国家在调整能源战略和制定能源政策时，增加了应对气候变化的内容，重点是限制化石能源消费，鼓励能源节约和清洁能源的使用。气候变化问题已成为世界能源发展的新的制约因素，也是世界石油危机渡过后推动节能和替代能源发展的主要因素，驱动各国把核能、水能、风能、太阳能、生物质能等低碳和无碳能源作为今后发展的重点。

世界上已有 50 多个国家制定了法律、法规或行动措施，提出了推动可再生能源发展的明确目标和相关途径。我们相信，随着国际社会对温室气体减排重要性认识的不断深化，能源技术向低碳、无碳化方向发展的趋势将日益明显。预计，在能源消费结构中，未来煤炭、石油等化石能源比重下降，新能源和可再生能源比重上升将是大势所趋。

但我们也要清醒地认识到，能源转型是一个长期的渐进过程。能源转型无法一蹴而就，往往需要几十年甚至几百年的发展。BP 统计资料显示，石油、天然气和可再生能源在能源结构中的占比上升都经历了较长时间，这些能源在整个能源结构中所占份额的上升基本上都是一个渐进的过程。以石油为例，1877 年在能源结构中占比 1%，经历 50 多年才发展到占比 16%。2008 年可再生能源（不计水电）在整个能源结构中占比 1%，2016 年才达到 3.2%，预测经过 30 多年才能达到 10%。全球能源结构在短期内无法摆脱对化石能源的依赖，各国家实现可再生能源完全替代化石能源还有很长的路要走。我们要充分认识到能源转型的难度，能源转型不可能一夜之间发生，要对能源转型保持足够的定力和耐心，避免急躁的心情。

化石能源在支撑工业文明发展了数百年的同时，也带来了环境污染、气候变化等危及人类生存发展的现实难题，建立在化石能源基础上的世界能源生产和消费方式亟须改变。在当前纷繁复杂的国际局势中，新冠肺炎疫情、经济衰退、极端气候灾害、能源需求反弹、局部地区冲突加剧及全球减排约束增强等各种问题层出不穷并叠加影响，使得全球正在面临旷日持久的能源发展与转型考验。当前身处风暴中心的全球能源体系出现了一系列问题。

一是化石能源终点正在加速到来。

《BP世界能源统计年鉴》（2021版）数据显示，2020年全球能源消费总量约为192亿吨标准煤，其中化石能源消费总量约为157亿吨标准煤，占比超过了80%。截至2020年，全球煤炭探明剩余可采储量为9842亿吨，按目前的生产水平可供开采146年左右。与煤炭相比，世界常规石油和天然气资源相对较少，近20年来世界石油和天然气的储产比并没有发生大的变化，始终保持在40年和60年左右的水平。

虽然随着能源勘探技术、开发技术的发展与进步，以及能源开发利用技术水平的提升，每年新增探明储量仍在持续增加，这将不断提升全球能源供应能力，使预测的化石能源枯竭期被不断推迟，当下能源供给尚未面临实质性危机，但是化石能源终点正在加速到来，世界能源格局正在重塑。

二是全球能源供应安全面临巨大挑战。

如果说在20世纪70、80年代，能源安全意味着以低廉的价格获得充足的石油供应，那么现代能源安全的概念和内涵正随着全球能源格局的变化而发生重大变化，涵盖了包括石油供应在内的更为广泛且复杂的问题。

尽管能源变革已成为人们的共识，但化石能源在未来较长的一段时间内仍是人类生存和发展的基础能源。一方面，在未来一段时间内担任全球能源消费主力的化石能源具有不可再生性，大规模开发利用必将导致资源加速枯竭。其中，容易开采的石油正迅速减少并逐渐集中到极少数国家，容易挖掘的煤炭也只剩下几十年的开采期。另一方面，地缘政治博弈仍将影响未来化石能源的供给形势，并加剧化石能源价格的波动性。自2008年国际金融危机以来，全球单边主义、保护主义和排外主义不断抬头，全球化进程遭遇严重阻力，大国间的地缘政治博弈日益增多，世界进入国际秩序转型与重塑期，全球地缘政治挑战有增无减。油气资源作为全球能源转型过渡阶段的能源消费主体，其供应形势更易受到地缘政治关系的冲击。原本疲弱的全球经济除了应对新冠肺炎疫情和逆全球化趋势的冲击，还要面临能源供应的挑战。

2022年年初，俄乌冲突及西方国家对俄罗斯的制裁加剧了全球能源供需紧张形势。3月8日，饱受能源价格剧烈波动和供应危机困扰的欧洲第一时间发布《欧洲廉价、安全、可持续能源联合行动》，出台能源独立路线图，力求从天然气开始，努力在2030年前摆脱对俄罗斯的能源进口依赖。作为欧洲最大经济体的德国，其经济部数据显示，德国35%的石油和50%的煤炭供应来自俄罗斯，55%的天然气从俄罗斯进口。德国经济部长罗伯特·哈贝克建议，呼吁民众减少取暖、桑拿和沐浴次数，以帮助德国降低对俄罗斯能源的依赖，甚至声称这些与卫生有关的"牺牲"会使俄罗斯政府的日子更加艰难。德国《图片报》中一篇关于如何应对能源危机的文章甚至呼吁，少洗澡就能少用俄罗斯的能源，还建议德国人洗澡时不要清洗全身，只清洗4个部位即可：臀部、腋窝、脚和腹股沟。很难相信这样的言论出现在21世纪的一个发达国家。

此外，全球变暖引发了气候系统的巨大变化。频发的极端天气损坏了部分海上风电、石油气和天然气设施，还对港口和沿海运输基础设施产生了影响，从而间接影响了能源的供应，加剧了能源供给的脆弱性。新冠肺炎疫情极大地冲击了全球供应链的生产、运输和库存等主要环节，全球能源产业链的重新整合和供应链瓶颈的持续存在将影响能源的稳定供应。

三是国际化石能源市场纷争不断。

能源作为工业社会运转的主要动力，一直以来都是全球各方势力角逐的"必争之地"。近年来，随着全球地缘政治冲突的不断升级，能源转型的紧迫压力与供需矛盾使得国际化石能源市场再次硝烟四起，纵观全球消费量第一和第二的能源——石油和天然气，就能看到相关迹象。

石油层面，目前大部分石油依旧位于特定地理区域，甚至是一些政局不稳的地区。自从石油开始在全球市场上进行交易，任何地方的动荡都可能在全球市场上引起连锁反应。进入2022年，全球能源格局更有"洗牌"之势。俄罗斯作为全球第二大原油生产国，其原油产量约占全球供应的11%。俄乌冲突爆发后，欧美对俄制裁在大幅度影响俄罗斯原油出口的同时，将增加世界各国尤其是欧盟地区的能源转型压力，而与作为主要石油供应方的石油输出国组织（OPEC）相比，非OPEC产油国虽然剩余产能充足，但增产意愿相对偏弱，执行减产协议的态度较为坚决。2020年12月到2021年12月期间，非OPEC产油国平均减产执行率高达114%，远高于2017—2018年的减产执行率。出于对欧美制裁造成俄罗斯供应缺口的顾虑，非 OPEC 产油国只可能保持谨慎的增产节奏。同时，随着美国原油产量的缓慢回升，全球石油市场的发展趋势犹未可知。

天然气层面，美、俄、欧之间不对称的"三角博弈"使得全球天然气市场发展前景变得愈加扑朔迷离。一方面，拜登政府率先打"能源牌"，宣布禁止进口俄罗斯能源；欧盟委员会发布能源独立路线图，计划在 2030 年前摆脱对俄罗斯的能源进口依赖。另一方面，2020 年欧盟 27 国对天然气的进口依赖度达到 83.5%，而俄罗斯是欧洲天然气的最大进口来源，短期内欧洲难以完全摆脱对俄罗斯的依赖。所以俄乌冲突爆发后，欧盟准备争夺原本计划供应到亚洲的液化天然气（LNG）。而对于美国而言，带头禁止欧盟进口俄罗斯能源有助于加强其与欧盟之间的能源关系，以便在市场份额上进一步取代所谓"不安全的"俄罗斯天然气。

四是在当前的能源使用形势下，实现全球应对气候变化的目标遥不可及。

OPEC 主要创始人谢赫·艾哈迈德·扎希·亚马尼提出："人类石器时代的结束并不是因为石头匮乏。同样，石油时代的结束将远远早于地球石油资源用尽的那一刻。"长期以来，化石能源作为工业经济的食粮，其相关活动在当前及今后较长时期依然是影响温室气体排放的决定性因素，这迫使世界各国纷纷加快从石油时代向"后石油时代"迈进的步伐。

由于新能源的波动性、间歇性不可避免，出于保障经济发展的目的，化石能源消费量仍将在未来一段时间内保持增长趋势。根据 IEA 在《2021 到 2024 年煤炭的分析与展望》中的分析得知，煤炭的主要消费国在未来几年内都会生产且消费更多的煤炭，至少到 2024 年，全世界煤炭的生产量和消费量仍将呈现上升态势。

与此同时，日益严峻的全球气候问题及不断耗尽的碳预算使得当前的能源转型态势更显焦灼。"这种走向显示出世界应对气候变化的政治雄心和能源供需现状之间的反差日益明显，因为尽管化石能源投资正在减少，但清洁能源和技术的资金扩张速度不够快。"BP 在《世界能源展望 2022》中明确指出了世界各国在实现应对气候变化目标上的紧迫性，"自 2015 年巴黎气候大会以来，2020 年除外，二氧化碳排放量每年都在增加。"全球范围内可持续减排的有效措施一再推迟，但凡发展形势一有风吹草动，各主要经济体就会第一时间扑进化石能源的怀抱，这可能会带来重大的经济问题和社会问题，导致实现应对气候变化的目标变得遥不可及。

五是随时可能被引爆的化石能源开发搁浅风险与"碳泡沫"破灭危机。

碳中和如同一阵狂风，裹挟着世界各国陆陆续续地进入第三次能源变革的风口。气候变化带来的威胁，以及来自市场和政策的压力，将继续削弱碳氢化合物的经济效益。市场咨询机构伯恩斯坦在 2019 年的一份报告中称，在 21 世纪全球气温升幅控制在比前工业化时期高出 2℃以内的目标下，全球约 41%的已被探明的化石能源储量将得到开发，余下 59%的化石能源的开发将面临被搁浅的风险。从能源品种来看，煤炭受到的影响最大，约 77%的煤炭开发将被搁浅，石油和天然气开发的搁浅比重分别约为 29%和 8%。而在全球气温升幅控制在 1.5℃以内的目标下，化石能源开发的搁浅情况将更为严重——被搁浅的化石能源将高达 84%，全球仅有约 16%的化石能源将得到开发。其中，约 91%的煤炭开发、约 72%的石油开发及约

68%的天然气开发将被搁浅。

由于全球化石能源仍需在一段时间内为清洁能源生产经济体提供安全保障，所以即使在碳减排约束日益收紧的情况下，化石能源也将在一定时期内维持或提高价格。例如，在自2021年10月以来爆发的全球性能源危机中，化石能源价格陡增，煤炭、天然气瞬间成为投资者奋力开采的估值"洼地"。

但化石能源无法满足人类长远发展的需求，终将被时代所抛弃。例如，在近年来兴起的全球"弃煤"大潮中，目前全球至少有25个国家和地区承诺到2030年停止使用煤炭发电，多家传统矿业巨头已经或正在退出煤炭业务，向新能源、新业务转型；世界各国相继制订了燃油车退出时间表，其中挪威将于2025年实施禁售传统燃油车政策，印度、荷兰及汽车工业强国德国将燃油车禁售时间定到了2030年，法国和英国则将于2040年禁售传统燃油车。

六是能源公平问题亟待解决。

能源公平是指为全人类提供支付得起的能源服务，这是全球能源一直以来面临的主要挑战之一。据估计，全球煤炭、石油、天然气储量前5位的国家可能拥有全球煤炭储量75%、石油储量62%、天然气储量67%[1]的能源储备。目前，全球仍有超过26亿人无法获得现代能源服务[2]。

---

[1] 参见中国工程院院士、清华大学碳中和研究院院长贺克斌出席"2021新华网思客年会"发表的主旨演讲。
[2] 参见赵云龙、孔庚、李卓然、麻林巍、倪维斗的《全球能源转型及我国能源变革战略系统分析》。

第一章　碳中和时代的能源变革

在全球以化石能源为主要消费能源的背景下,能源公平问题主要受到能源供应和能源成本两方面的影响。从能源供应来看,由于能源商品的危险性和不易保存性,能源稳定输送在一定程度上依赖能源基础设施。对经济发展水平落后的国家来说,基础设施投资不足导致其基础设施建设水平严重滞后,无法保障稳定的能源输送。从能源成本来看,能源的有限性需要人们有偿使用能源,特别是在一些能源资源匮乏的地区,能源的运输成本及关税等将能源价格推高,从而加剧了能源贫困。此外,无论是化石能源、非常规油气资源还是可再生能源资源的开发,无一例外地会对生态环境产生影响。目前,除了传统的油气资源开发,一些非常规和非传统油气资源,比如页岩气、页岩油、油砂、离岸深水油气、北极油气等的开发都对生态环境和气候变化有着潜在的影响。这就意味着,为了最大限度地降低能源资源开发对环境的影响,那些用于降低风险的成本必将算入能源开发的总成本中,这将导致中低收入群体获得能源商品的难度加大。

即使能源转型大势所趋,清洁能源登场后的治理秩序仍呈现出一种典型的西方自由主义模式。诸多治理不足都显示出自由主义的逻辑对财富与权力的不对称所导致的剥削并不敏感,发展中国家很容易被置于治理的追随者地位。以欧盟为代表的西方国家和以国际可再生能源署(IRENA)为代表的部分国际组织,往往把全球清洁能源治理解读为发达国家的"创新"或对发展中国家的引导,对整个治理态势缺乏全面认识和客观评价。但全球清洁能源治理承载的一个重任是依据分配正义的逻辑重组全球能源利益网络,加快建立在普惠发展而非剥削基础上的能源体系是全球能源良性发展的关键之一。各个国家要实现能源公平,即能源服务的普惠性,面临着巨大挑战。

七是新能源技术革命性突破迫在眉睫。

为应对气候变化,全球能源正在由传统的化石能源转向以清洁能源为主导的新能源。过去 10 年,全球可再生能源特别是风能和太阳能的普及速度不断加快,绿色能源转型在众多国家已取得一定成果。然而,在推动转型的过程中,全球能源供应的稳定性和弹性面临考验。以能源绿色转型"急先锋"欧洲为例,2020 年欧洲可再生能源发电量占总发电量的比例为 38%,首次超过化石能源发电量的占比,风能和太阳能已从边际能源发展为电力系统的关键能源。由于风能、太阳能等可再生能源具有随机性、间歇性和波动性等特征,其能源稳定供应能力与化石能源仍有差距,2021 年的欧洲能源危机就是一个典型案例。

以新型能源为主的能源系统,本身不具备足够的调节容量,或者没有安装容量足够的储能设备。而能源供应的稳定性、安全性和可靠性无法保障,新型能源也就不能作为主要能源。因此,在发展新型能源及与新型能源具有互补特性或逆向调节特性能源的同时,必须发展配套的能源技术,其中最为重要的是大容量储能技术。但目前的储能技术中只有抽水蓄能技术比较成熟,其他储电式、蓄热式技术均有待进一步发展。抽水蓄能技术又存在着电站建设受到地理条件限制、投资成本高、回报周期长等问题,尚不能克服可再生能源的固有局限,用来实现能源的持续、稳定供应。

能源转型的六大趋势

人类社会在化石能源体系中寻找解决方案的惯性思维正把人类逐步带入一条"黑暗的胡同",以化石能源为基石的经济和权力体系正面对前所未有的秩序重构的压力,发展的隐忧开始在社会各界弥漫,高速发展的经济正迎来历史性阶段,随之而来的将是一场世界范围内对新答案的追寻。

近年来,随着太阳能、氢能、风能、核能等新能源的不断发展,以及技术的不断突破,全球开始重视新能源开发,新能源变革吸引着每个国家的注意力。

如何认识和推动能源转型发展,这是非常复杂、可能引起争议,同时非常值得认真思考的议题,不同领域的专家站在不同的角度可能会给出不同的答案。

但无论如何,能源低碳转型已成为不可遏制的全球发展趋势,对未来人类发展带来的影响必然是全面的、深刻的,学界在这一点上已基本达成共识。对于进入新时代并日益融入全球经济体系的中国而言,只有主动顺应能源转型发展过程中出现的新趋势,准确判断能源转型过程中出现的一系列特征和新变化,牢牢把握新一轮能源变革的总体方向,及时确定能源转型路线,系统统筹推进落实,中华民族伟大复兴才有望成功。

对于能源产业、能源企业及其从业者而言,21世纪很难再有比能源变革更大的机遇,对能源转型将催生的众多新业态提前研究、布局并积极行动,才能在面对复杂多变的发展环境时把握发展先机。尤其对于能源企业及其从业者而言,能源低碳转型与推进碳中和带来的巨变丝毫不亚于工业时代和信息时代的变革。能源转型正在引发科学技术的更新换代、产业结构的调整和经济社会体制的变革,在给企业和个人带来巨大挑战的同时,创造了诸多新机遇。如何顺应时代的发展潮流并争取抢占发展高位,已经成为一个不容忽视的重要课题。

当下,世界正进入一个以应对气候问题为核心诉求的全球化时代。越来越多的国家通过参与碳中和等气候行动积极推动全球气候治理,绿色发展已经成为全球共识,能源变革正吸引着全球的目光。我们认为,能源转型有以下六大趋势。

第一,能源底层逻辑与顶层架构将迎来历史性重塑。

人类将告别争夺能源"实物"的历史,从资源依赖型经济走向技术依赖型经济,从而走向一个由技术主导的社会。

历史上有一个十分有趣的"10 年赌局",就是一个很好的例证。1980 年,美国斯坦福大学生物学家、生态学家保罗·埃利希和美国马里兰大学经济学教授朱利安·西蒙立了一个著名的赌约:鉴于地球上的大多数自然资源的不可再生性,双方约定以 1000 美元为赌注,以铜、铬、钨、镍、锡 5 种金属商品的涨跌为标的,进行一场 10 年之赌。埃利希赌 10 年后这 5 种金属商品全部会涨价,而西蒙赌这 5 种金属商品全部会降价,这就是著名的"10 年赌局"。

1990 年 9 月 29 日,"10 年赌局"到期,这 5 种金属商品的价格全部下跌。10 年前，埃利希用 1000 美元购买的 5 种金属商品跌到了 423.93 美元——总价下跌了近 60%。

埃利希是典型的社会达尔文主义者，他将自然视为"战场"，他认为围绕地球资源而展开的竞争使得每个物种都深陷其中。为了确保自己的生存及子孙后代的繁衍，每个生物都以命相搏，尽可能多地占有资源。自古以来，人类的命运就和资源、能源息息相关。在人类社会的每个关键历史转折点，能源都起着至关重要的作用。从火的使用到柴薪再到煤炭和石油的更替，每一次变革都伴随着人类文明的巨大进步。同样，全球政治、经济的博弈，也有石油的影子。人类自诞生以来的部落冲突、国家战争、地缘政治冲突，大多源于对资源的争夺。因此，埃利希断言金属资源会涨价。

达尔文的"生存竞争"进化论经受住了时间的考验，百余年来产生了深远的影响。但是，人类生存竞争的焦点，随着科技的进步已经悄然发生改变。社会竞争已经从初级形态升级为高级的形态。

西蒙认为，虽然自然资源有限，但人类社会的发展是"无限"的。一旦资源供应紧张，短时间内产品价格会上涨，但有赖于资本逐利的本性和人类追求发展的动力，自然资源开采的效率和水平会大幅度提升，而随着人类科学技术的发展，人们一定会找出可替代的新资源和新能源，随即导致原有资源价格下降。

在全球碳中和目标背景下，IEA 对未来以太阳能、风能为主体的资源进行了分析，得出的结论是：要实现碳中和目标，我们所拥有的以风光资源为主体的非化石能源在资源量上是足够的。换句话说，基于非化石能源的可再生性，消除未来经济在发展中的资源约束，从资源依赖型走向技术依赖型的道路是完全可行的。

这种底层逻辑的改变，本身就具有划时代的意义，而构建在底层逻辑之上的人类顶层设计也将迎来前所未有的变革。

当前的全球经济社会体系是建立在化石能源基础上的。由于化石能源只在特定的区域存在，化石能源的生产和运输，以及化石经济的运行都需要巨大的前期投入，必须以政府动员为基础，并通过垄断式的集中化管理来组织生产，从而产生集中式的财团和财富，形成"金字塔"形的层级结构。围绕着能源，全球形成了涵盖政治、经济、战争、外交和社会生活各个层面的经济网和权力网。

然而，在即将到来的新能源变革中，传统的集中式能源系统将向分布式能源系统过渡——社会能源生产与分配的模式将由石化能源商业巨头控制转向成千上万的自我生产，并将盈余通过信息与能源网络共享到众多小生产者手中。世界政治、经济发展史表明，能源变革的背后是国际政治、经济格局的更替，这也意味着化石能源的底层逻辑和组织结构将迎来历史性的挑战和变革。

这一轮新的能源变革通过分散式的可再生资源降低能源和生产成本，并借助能源互联网提升新的组织效率，旧的国际政治、经济和权力格局将面临颠覆式的挑战。在商业交易过程中，旧的供求关系将被新的供求关系所替代，每个有产权的个人、家庭甚至集体和国家都能够通过能源网络的链接来创造财富,打破了集中式的资源垄断模式,构建了新型的经济结构。随着能源产业由资源属性变为制造业属性,全球的产业链、价值链和供应链将面临历史性的重塑,国际秩序、全球治理结构、各经济体建设都迎来了一个新的时代。在未来不到半个世纪的时间内,人类有可能从现在的化石能源时代彻底走向零碳能源时代,世界政治、经济有可能面临新的局面。

第二,科学技术将成为能源生产的关键因素。

原始人类从自然界中直接获取木柴作为能源,现代国家从煤炭开采发展到油田开发,从能源发展的历程来看,科学技术的重要性日益突显,而当下的太阳能、风能、核能等新能源的开发利用,更依赖于科学技术。从单一类型能源的开发来看,科学技术的重要性也毋庸置疑。以煤炭开采为例,早期煤炭开采以木材支护和炮采为主,随着高强度锚杆、锚索支护技术和机械化开采技术的应用,煤炭产量有了大幅度的提升,煤炭开采的安全性也有了保障,近年来无人化开采技术的应用进一步提升了煤炭开采的速度。

当前,全球能源领域的技术创新速度明显加快,具体表现为光伏、风能、生物质能、核能、氢能等技术迅速发展,同时成本在快速下降,市场规模在持续扩大。大规模储能、氢燃料电池、第四代核电、天然气水合物开采等技术不断取得新的突破,新能源技术与现代信息、先进制造、智能电网等技术日益深度融合。新一轮科技革命的兴起为能源产业带来了新动能,推动中国化石能源不断实现生产空间、生产工具、生产过程、产品形态、产业结构的升级,能源供应模式实现了从"单一模式"到"科技赋能融合模式"的转变。

第三，数字化将成为能源配置的关键因素。

近年来，能源系统与产业系统的关系呈现出由"保障供能型"向"互驱发展型"转变的趋势。互联网、大数据、人工智能等现代信息技术正快速与能源产业深度融合。智慧电厂、智能电网、智能机器人勘探开采等应用快速推广，无人值守、故障诊断等能源生产运行技术的信息化、智能化水平持续提升。能源体系从"靠山吃山、靠水吃水"进入"看天吃饭"的时代，呈现出"随风、跟云、逐光、激水"的特征。

以光伏、风电为代表的新能源发电方式对气象条件高度敏感，会加大电力供需在空间与时间上的不平衡，迫切需要电网在更大的范围、更高的频度、更深的层次开展资源优化配置。其中最为关键的是，全社会逐步掌握对微观气象条件、新能源出力、电力供需平衡等的精准预测能力，通过新兴的信息技术来赋能能源行业，优化能源的生产、传输、交易和消费环节的资源配置、安全保障和智能互动能力，并做出超前响应与谋划。能源电力系统作为人造复杂系统，其内在的能量流、电力流、信息流对各个环节和组件的要求越来越高。

数字化发展基本方向要聚焦在能源系统各个环节的优化与效率提升上，而不能仅以信息通信等底层连接感知为工作重点。在供给侧，集中式与分布式并举是当前能源发展的基本原则，新能源发展将由量变向质变转变，数字化将发挥重要作用；在用户侧，随着发用电一体的"消费者"、具有双向互动功能的电动汽车等用能主体的加入，运用数字化技术提升对电力系统各类用能资源进行时空调节的能力显得尤为关键；在电网侧，在

第一章 碳中和时代的能源变革

以大电网为主导、多种电网形态相融并存的格局下,需要数字化技术提升感知、监测与控制能力,构建可观测、可描述、可控制的数字透明电力系统。对系统整体而言,电力系统的运行机理和平衡模式将发生深刻变化,各种能源利用与就地消纳需要依赖开放透明的市场机制,社会资源参与系统平衡、储能资源的规模化利用都需要数字化与市场化的有机结合。

在未来,能源产业将沿着数字化方向,通过能源分散化、去中心化的分布式源网荷储来协调系统一体化建设,实现能源流的逐层动态平衡。通过建设以软件和数据为驱动力的能源系统,不断改变化石能源生产工具,实现从提供单一能源产品到提供综合能源服务的多能互补供应形式的转变,促进双向、多源、互动、协作式能源生产过程的动态平衡与能源互联网生态化。通过大数据、人工智能等现代科技手段,降低综合用能成本,提高能源的利用效率和调度灵活性,实现不同能源在不同地域和不同单位之间的互联互通。通过智能微电网、智能电厂、智能矿山和油田、储能设施和智慧能源管理系统,提高不同能源之间的调度和转化效率,实现煤、油、气、电之间的多方位协同响应。

第四,电气化将成为能源消费的主要趋势。

在碳中和目标引领下,电气化将成为中国能源中长期发展的主要方向和推动经济社会全面绿色转型的有效途径。当前,中国电气化进程总体处于电气化中期中级阶段,与日本、美国、法国等发达国家所处的电气化中期高级阶段相比,仍然存在差距,但差距呈现逐渐缩小的趋势。

2020年以来,我国不断强化经济社会绿色转型的顶层设计,为电气化发展创造了良好的政策环境。中国电气化发展进入以绿色低碳电力供应为牵引、以终端能源消费电气化为主线、以技术创新和体制改革为驱动的新阶段。

从消费侧看，终端能源消费电气化水平稳步提升。2020年，全国电能占终端能源消费的比重约为26.5%。工业部门电气化率约为26.2%，电气化发展趋于平稳，其中四大高载能行业电气化率约为17.8%。建筑部门电气化发展水平快速提升，"十三五"以来电气化率累计提高10.9个百分点，达到44.1%。交通部门电气化率约为3.7%，电气化发展潜力巨大。从供应侧看，电力优化一次能源结构的作用不断增强，2020年全国发电能源占一次能源消费的比重约为45.7%，非化石能源电力消纳量占比达到33.7%。电网资源配置平台作用突显，特高压线路输送可再生能源电量占比达到45.9%。从可持续发展层面看，农村用电条件持续改善，2020年全国城乡供电可靠性差异率仅为0.110%。电力市场交易机制持续完善，电力碳减排积极推进，以2005年为基准年，2006—2020年电力行业累计减少二氧化碳排放量约185.3亿吨。[①]

从区域看，东部地区进入电气化中期高级阶段，中部、西部地区处于电气化中期中级阶段，东北地区处于电气化中期初级阶段。从重点战略区看，粤港澳大湾区与英国同期电气化水平相当，长三角区域接近德国同期电气化水平，成渝经济圈和京津冀区域处于电气化中期中级阶段。从省份看，经济发达省份电气化水平相对较高，广东、浙江、北京、江苏、上海、福建、山东处于电气化中期高级阶段。

---

① 参见《中国电气化年度发展报告2021》。

第一章　碳中和时代的能源变革

在电气化加速背景下，我国电能占终端能源消费的比重呈现稳步提升趋势。我们预计，2030 年、2060 年我国终端电气化将分别提高到 40%、65%左右。新能源近期会稳步提高、远期会加快提高电量渗透率，并逐渐成为发电量主体，实现与化石能源地位的历史性更替。我国通过构建多元清洁电力供应体系，深入实施工业、建筑、交通电能替代方案，显著提升能效水平，加强绿色低碳科技创新，深化市场化改革，推动全社会电气化水平持续提升。到 2060 年，中国电气化进程将进入电气化后期阶段，电气化水平将与日本、美国、法国等发达国家处于同一层级并保持高水准，这将有力支持我国实现碳中和目标。

第五，从多元化能源结构到一体化市场。

能源是经济社会运行的基础，与国家能源安全、产业布局、经济发展和人民生活密切相关。不同于传统意义上的商品市场，能源市场建设具有基础性、战略性和复杂性等特征，事关国家安全和整个经济社会的发展，是国家发展的命脉。我国能源供需逆向分布和清洁能源快速发展的基本国情，决定了能源资源需要在全国范围内流通和配置。加之我国集中力量办大事的制度优势，这就决定了我国能源的可持续发展必须坚持"全国一盘棋"，按照"大基地、大电网、大市场"的方向发展。2022 年 4 月 10 日，《中共中央 国务院关于加快建设全国统一大市场的意见》发布，而"能源全国统一大市场"就是最好的抓手之一。

此外，随着全球低碳转型进程的推进，能源结构将更加多元化，未来不会只有一两种能源占据主导地位。在过去的几百年中，首先是煤炭主导了世界能源，然后是石油，此后世界能源结构日趋多元化。世界仍然需要石油和天然气等化石能源，但也需要风能、太阳能等非化石能源，比如核能、水电等都发挥着比较重要的作用。

"油气煤"在全球能源系统中的占比将降低，同时可再生能源的占比将升高。到2050年，"油气煤"在一次能源中的占比将由2018年的85%分别降至65%~20%不等，而可再生能源将相应增长至20%~60%。交通领域使用的石油将在21世纪20年代中后期达峰。2050年，石油在交通用能中的占比受不同政策的影响，将从2018年的90%降至80%、40%，甚至20%。天然气市场出现需求广泛及持续增长的全球供给趋势，不同情景对全球需求的预测有显著区别。在快速转型情景和净零情景下，全球天然气需求将分别在21世纪30年代中期和21世纪20年代中期达峰，且到2050年分别降到2018年水平和比2018年低1/3水平。在正常情景下，天然气需求将在未来30年持续增长，到2050年比2018年增加1/3。天然气在能源系统的低碳转型中，有如下两种潜在的重要作用：一是对于经济快速增长的发展中国家而言，这些国家可再生及其他非化石能源的增速不足以替代煤炭需求，所以天然气可以作为煤炭的减量替代品；二是天然气结合碳捕获、利用与封存（CCUS）技术，有助于实现零碳或近零碳发电目标。在快速转型情景和净零情景下，利用该技术的天然气量将占到一次能源总量的8%~10%。

未来电气化会进一步发展，氢能也会有大幅度的发展，这就意味着今后的能源市场会更加本土化，因为就电力和氢能来说，远距离传输不具备经济性。此外，不同能源之间的竞争会越来越激烈：一方面表现为不同燃料和能源之间会有更加激烈的竞争，比如石油、天然气和煤炭，它们之间就会产生竞争；另一方面表现为市场的重心在发生变化，以往的能源市场主要由上游油气生产商所主导，但是今后消费者会拥有更多权利。

消费者以后使用哪种能源不再仅仅考虑有没有这种能源，更多考虑的是自己的意愿。在一个日趋多元化的能源结构中，消费者有更多的选择，这自然就会引发能源市场的变化。换句话说，今后的能源市场需要更多的整合和一体化，因为需要同时提供多种能源。

第六，新能源最终会重塑全球能源地缘版图。

近年来，全球应对气候变化的节奏加快，1996年签署的气候变化协定《巴黎协定》得到国际社会广泛支持和参与，近5年来可再生能源提供了全球新增发电量的约60%。世界主要经济体，如中国、美国、日本、欧盟等130多个国家和地区提出了碳中和目标，清洁低碳能源发展迎来新机遇。

在以碳中和为目标的这场全球能源系统的低碳转型中，以风能和太阳能为首的可再生能源，将是未来30年增长最为迅速的能源。不同于化石能源仅集中在特定区域，可再生能源具有几个明显的特征。一是遍在性。几乎所有的国家和地区都能获得，这降低了能源的可获取性，基本可忽略类似油气贸易中地理位置的影响。二是可再生性。相比化石能源，可再生能源具有不断再生的特征。三是开发的灵活性。既可以集中开发，也可以分布式开发。四是边际成本几乎为零。这决定了可再生能源的盈利潜力将远远大于化石能源，且开发成本能够快速降低。

目前，可再生能源已成为全球增速最快的能源品种，其快速发展对电力行业的影响最直接、最显著。从 2012 年起，可再生能源发电装机容量增速就超过了传统电源。2017 年，太阳能发电装机增量甚至超过了煤电、天然气和核能发电装机增量的总和。从长远来看，可再生能源将成为主体能源。根据国际可再生能源署的预测：到 2025 年，在全球加权平均电力成本中，陆上风电将下降约 26%，海上风电将下降约 35%，聚光太阳能发电（CSP）至少下降 37%。另外，太阳能光伏发电（PV）将下降约 59%。

基于上述基本事实可做出以下推断：通过可再生能源的开发利用，全球大多数国家都有实现能源独立的可能，从而获得更强的能源安全保障。众多严重依赖化石能源进口的国家，通过开发利用可再生能源，也可以取得战略和经济方面的效益。

正如化石能源曾改变了过去两个世纪的地缘政治版图一样，以可再生能源为主导的全球能源转型，必将彻底改变全球能源治理结构和国家之间的关系，也将极大地降低全球地缘政治动荡风险和发生的可能性。因此，逐渐成为主体能源的可再生能源的加速发展，必将带来深刻的地缘政治变化。

为什么要实现能源转型

目前，在全球化石能源分布中，煤炭储藏前 5 位国家的总储量占全球储量的 75%，而石油、天然气储量前 5 位的国家分别占了全球储量的 62% 和 67%。换句话说，全球 2/3 ~ 3/4 的化石能源集中在前 5 位的储量国中，这就注定了全球的政治、经济将围绕着化石能源网建构波诡云谲的经济网和权力网。

2022年年初，俄乌冲突及西方国家对俄罗斯的制裁加剧了全球能源供需紧张就是一个鲜活的案例。德国甚至计划在两年内摆脱对俄罗斯能源的依赖。德国联邦经济事务及能源部发言人苏珊娜·昂格勒在新闻发布会上表示，柏林的目标是在2022年年底前停止从俄罗斯进口石油，而煤炭进口可能在2022年秋季前停止，天然气进口可能在2024年年中停止。昂格勒补充说，德国正在讨论如何"动用全国性力量"进一步加快这个进程。德国总理奥拉夫·朔尔茨却表示，"突然停止进口俄罗斯天然气可能导致数十万人失业和经济衰退"。

近年来，能源资源竞争日趋激烈，替代能源技术的发展日新月异，全球能源秩序正处于变革前夕。在此背景下，谋求"能源独立"对任何国家来说都是一个战略性命题，也是一个国家强盛的保障和安全的基石。随着现代化经济建设的深入推进，作为促进经济社会发展、居民生活品质提升、中华民族伟大复兴的基本保障，我国对能源资源的依赖将与日俱增。

需要说明的是，我们提倡的能源独立并不是能源孤立，更不是直接的能源保护主义或经济上的孤立主义。绝对的能源独立意味着一国的能源要完全自足，在全球分工日益明确、世界互动密不可分的背景下，绝对的能源独立既不可能也毫无必要。我们倡导的是战略性的能源独立，这意味着不以牺牲国家利益和导致脆弱性为代价进行能源贸易。战略能源独立允许世界范围内的能源合作，但不能容忍能源进口给国家的经济、政治和军事带来威胁。

以下几个原因决定了我国必须走一条具有中国特色的能源转型之路。

第一,能源转型是摆脱能源对外依赖、避免能源领域被"卡脖子"的战略首选。

一方面,当前我国化石能源的对外依赖程度较高。以石油和天然气为例,我国石油的进口量居全球首位,2020年对外的依赖程度高达73%,2021年国内石油消费量呈现近年来少见的负增长,石油对外依存度降至72.2%,但仍在高位徘徊。天然气层面,从2018年起,我国超越日本成为全球第一大天然气进口国,2020年天然气对外依存度达到43%。中石油经研院研究表明,2021年中国天然气对外依存度升至46%。随着我国城镇化、工业化进程的持续推进,预计未来对于能源的需求会有增无减。

另一方面,改革开放以来,我国经济飞速发展的同时带来了能源的大量使用,也带来了二氧化碳的高排放。从2006年起,中国成为全球最大的二氧化碳排放国。IEA数据显示,2017年中国二氧化碳排放量达到92.6亿吨,大于美国和欧盟的排放量总和。

在全球强调碳中和的主流趋势下,我国面临着极大的外部压力。近年来,逆全球化潮流涌动,贸易保护主义事件频发,西方国家甚至祭出"碳关税"大旗。可以预料到,在强调"欧美日区域化"的美式全球化发展和强调"一带一路"的中式全球化发展博弈的情况下,尤其是在2050年后未实现碳中和目标的国家中如有中国时,指向中国的矛头将越发多、越发锋利。石油是我国进口的第三大产品,仅次于芯片和集成电路硅,但是其重要性有过之而无不及。近年来，我国正在日益走向世界舞台的中心，外部压力日渐增加，能源领域是否会重演芯片式被"卡脖子"的一幕不得而知，我们最应该做的是未雨绸缪，积极推进能源独立战略。

第二，能源转型引领全球能源变革潮流，是中华民族伟大复兴的关键"棋"。

从柴薪、煤炭到石油，再到新能源，每一次能源变革都意味着世界秩序的新变化。英国凭借丰富的煤矿资源和蒸汽机等机械成为第一次工业革命的发源地。在第二次工业革命中，美国通过对石油和天然气的开发和利用塑造了"美国世纪"。

我们认为要实现中华民族伟大复兴的前提条件是和平统一与和平崛起，而要实现和平统一与和平崛起就不能有太明显的短板，更不能有受制于对手的致命缺陷。然而，能源变革带来的脆弱性，可能成为我国和平统一与和平崛起的严重隐患。

2022年年初俄乌冲突，我国东南局部的动态也吸引了全球的目光。自诩为"世界警察"的美国一直对全球事务横加干涉，打着维护世界和平、稳定的幌子干涉各国内政事务。设想一下，假如我国统一大业进展顺利，美国未必会亲自下场，但是借此机会进行经济与能源封锁是大概率事件。西方对俄制裁正在升级，其对全球经济的恶劣影响不容小视。

当然，我国的全球化融入程度远非俄罗斯所能比拟。但要知道，2020年我国73.6%的石油依赖进口，这些石油大部分来自中东地区。在进口石油中，90%的进口石油运输需要依靠海运，其中80%要经过马六甲海峡，

45%要经过霍尔木兹海峡。美联社、俄罗斯卫星通讯社 2021 年 5 月 31 日报道，美国司法文书显示，2021 年 2 月，美国在阿联酋海岸扣押了一艘伊朗油轮，其运载的大约 200 万桶石油被美国卖掉，获利 1.1 亿美元（约合 7 亿元人民币）。这个事件看似与我们无关，但它反映出一个残酷的现实，美国牢牢掌控着霍尔木兹海峡，即使是地区大国伊朗也无法撼动其地位。但是，值得警惕的是，马六甲海峡和霍尔木兹海峡是我国石油运输的咽喉所在，我国石油进口的海运路线单一，抗风险能力差，安全系数极低。

当下，在碳中和背景下的能源替代进程将成为 21 世纪重塑地缘政治的重要因素。新能源注定是一场新的世界角逐的焦点。历史的经验表明，能否成功进行能源变革在很大程度上决定了一个国家的兴衰。能源过渡会引起我国国际社会地位的变动，国家和地区的权力和影响力都将受到影响。错过了第一次能源变革，我国沦为半殖民地半封建社会；抓住了第二次能源变革的尾巴，我国成了"世界工厂"和第二大经济体。当下，正在轰轰烈烈进行的第三次能源变革，使我国在光伏、风电、特高压、设备制造等方面基本具备了世界领先的优势。

目前，我国正前所未有地靠近世界舞台的中心，中华民族伟大复兴势不可当。我们应当以责无旁贷的使命感、舍我其谁的决心带头推动能源变革，引领世界潮流。当下的能源变革与其说是一场能源变革，不如说是一场科技革命，它已经成为促进产业化发展、抢占全球能源技术制高点、改变我国在以往能源变革中的被动局面的关键"棋"。

第三，能源转型能实现新能源与化石能源地位的更替，是时代发展的客观需要。

在未来一段时间内，随着石油需求见顶，石油带来的波动将会给原本动荡不安的石油地区带来更剧烈的政治动荡。曾经支撑起工业化生产、生活方式的石油和其他化石能源正在日益枯竭，以化石能源为驱动的技术已陈旧落后，以化石能源为基础的产业结构也运转乏力，依托化石能源发展起来的资源型地区和城市早已深陷瓶颈之中。

越来越多的迹象表明，通过化石能源驱动的工业革命已经到达顶峰，工业革命正在谱写最后的篇章。

全球能源安全观开始发生变化，各经济体已经不再将自身命运系于单一的石油上。特别是进入 21 世纪以来，以太阳能、风能、水能等为代表的清洁能源在全球范围内获得了空前的重视。新能源从补充能源走向主体能源、化石能源从主体能源走向保障能源的时代正在快速向我们走来。

随着科技的进步，我们可能勘探出新的煤、油、气等资源，而能源开发利用技术水平的提升也将持续提升全球能源供应能力，所以预测的化石能源枯竭期将被不断推迟。当下，全球正在掀起一场以碳中和为核心的能源变革，历史的滚滚车轮正在让化石能源陷入"石器时代终结前的石头"的尴尬境地。

第四，能源独立是实现"碳中和"的自主选择。

中国在第 75 届联合国大会上，对外宣布了"努力争取在 2030 年以前达到二氧化碳排放峰值，以及在 2060 年以前实现碳中和的目标"。同时，中国提出了 2030 年单位国内生产总值二氧化碳排放量比 2005 年下降 65%

以上的目标。

"30·60目标"的提出，从表面上看是将气候履约作为切入点，但在"双碳"（碳达峰与碳中和的简称）时代的背后，有非常明确的产业竞争和能源竞赛大背景。这轮竞赛不是一般意义上的竞赛，而是更新换代意义上的竞赛。这就意味着，中国的能源格局将迎来历史性的巨变，这个巨变将带来整个社会经济发展体系的巨大变革。

作为世界上最大的能源生产国和消费国，近20年来，我国能源生产总量虽然以近6%的速度稳步增长，但能源消费总量增长速度达到了近7%，这说明我国能源生产总量和能源消费总量存在一定差距，能源总体上呈现出供不应求的局面。

受资源禀赋、工业化发展阶段和以煤为主的能源消费结构等因素的影响，当前我国化石能源在能源消费结构中所占比重达到了85%左右，且在未来很长一段时间内化石能源在一次能源消费中仍将占据主导地位，这也导致我国承诺实现碳中和的目标和发达国家相比面临着更加艰巨的挑战。

"双碳"时代背景下的碳中和本质上是一场深刻的能源替代和产业升级革命。作为世界第二大经济体和全球经济"安全岛"，我国积极推进能源独立战略，加快谋划将我国"世界工厂"的地位作为支点，引领全球能源链、产业链重构，构建绿色低碳循环发展体系。这意味着我国将迎来一个重新定义21世纪的大国竞争格局的机会，其构想和举措将是实现和平统一的重要抓手。

加快煤炭、石油、天然气等化石能源消费达峰与清洁替代的步伐，已成为大势所趋。随着全社会由以化石能源为主向以可再生能源为主的阵地转移，以及能源产业由资源属性变为制造业属性，我国将摆脱化石能源的对外依赖，能源的战略独立也将是自然而然的事情。

第五，能源转型是加强反脆弱性建设的重中之重。

能源不仅是经济发展的关键，还是一种"武器"，是不战而屈人之兵，更是一种发展权和话语权，塑造着国际格局与各国之间的关系。基辛格曾经说过："谁控制了石油，谁就控制了所有国家。"长期以来，在国际政治中，许多国家围绕着能源问题进行了政治、经济，甚至战争的博弈。

能源进口或多或少地会带来进口国对出口国的依附和脆弱性问题，而依附一旦发生，国际关系、权力结构都会随之改变。因此，能源进口超过一定比重会影响进口国的能源独立性，使其形成一种对外的依赖或依附，一旦这种情况长期得不到改善，进口国的脆弱性将加剧。

当下，国际形势变化加快、数字变革加快与气候变化挑战加剧等因素相互叠加，深刻影响着世界格局。"百年未有之大变局"之下，我国加强反脆弱性建设的需要比任何时候都迫切。

第六，能源转型是新常态下经济快速发展的需要。

能源是国家经济发展和人民安居乐业必不可少的。当下，全球经济持续低迷，"绿色复苏"将成为世界经济发展的主题。实现能源的变革，有利于促进中国清洁能源产业链的优化升级，助推地区层面能源供给侧的系统性革新，尤其是在碳中和目标的驱动下，新能源互联网、新能源基础设施与市政网络等市场和应用场景都会随之而来。比如，以新能源车为顶梁柱的这场能源变革，将加快新能源、人工智能、5G、大数据、物联网、云计算、新材料、高精度卫星导航等一大批颠覆性新技术的成熟和商业化应用，并带动地区经济的发展；分布式的风能、光伏、生物质能还可以帮助缺乏基础电网设施的贫困地区获得清洁电力，保障能源的可获得性。基于此，大力发展新能源产业被人们视为应对气候危机、经济危机、能源危机等问题的核心解决方案。

第七，能源转型是在资源日渐枯竭、化石能源时代落幕的背景下，避免经济发展和人们生活"无能可用"的重要举措。

根据自然资源部和国家统计局公布的数据，2020年我国的煤炭、石油和天然气的储量分别可用的时间为42.3年、18.56年和32.6年。换句话说，在没有新增探明储量的情况下，煤炭、石油、天然气将分别于2063年、2039年和2053年消耗殆尽，若不解决能源可持续发展问题，我国的经济发展、企业生产、人们生活可能面临"无能可用"的境地。即便煤炭、石油和天然气的勘探开发有了新的突破，我国化石能源总储存量再翻一番，在下一个临界点到来之际，我们总会如此幸运吗？"无能可用"对我国"两个一百年"奋斗目标，对一个全球用能第一大国和"世界工厂"来说，无疑是一个不能想象的局面。

在资源日渐枯竭、化石能源时代落幕的背景下，我国以能源独立战略为总抓手，推进能源生产、消费的转型，是避免经济发展和人们生活"无能可用"的关键。

第二章

世界能源变局与主要经济体能源动向

能源领域，从来不是风平浪静的湖，而是波涛汹涌的大海，并且人类从未停止过探索。

——作者

世界能源变局

随着全球气候问题日益严峻，我们比以往更加迫切地需要推进气候变化应对行动，绿色发展已成为当今世界的一个重要趋势。越来越多的国家将应对气候危机上升为国家战略，全球范围内正在加速形成碳中和共识，并不断掀起绿色革命浪潮，世界政治、经济、科技、气候治理乃至大国竞争格局等都将发生历史性的变化。能源问题将在不断变化的世界绿色发展格局中呈现出特定的时代特征。

政治格局：历史新格局正加速形成

作为典型的全球性公共问题，气候问题似乎经历了从仅限于科学范畴到加入政治因素的进程，并从最初的低政治议题发展为高政治议题。事实上，世界各个国家和地区对于气候变化的成因、影响及解决方案已经形成了基本共识，但在现有的国际关系体系下，大多数国家选择将自身利益摆在第一位，各个国家和地区对减排份额的分配和发展权益的获取争执不断。全球绿色变革和能源转型进程在世界各国的长期博弈中不断推进，叠加新冠肺炎疫情、局部地区冲突等的影响，世界政治格局主要呈现出以下五个方面的特征。

一是绿党逐渐成为重要的政治力量。

第二章　世界能源变局与主要经济体能源动向

20世纪70年代，强调生态优先、非暴力、基层民主等政治主张的绿党开始出现在西欧国家，并在此后不断发展壮大，积极参与欧洲的一体化建设和包括欧洲议会在内的各级议会。作为一种政治力量，绿党至今仍属于边缘性政党，但欧盟国家能够成为当前全球环境政治和环境经济技术方面的领军者，绿党可以说是功不可没。西欧国家绿党取得的政治成就极大地鼓舞了其他地区的绿色政治力量，各个国家的绿党如雨后春笋般冒出来，欧洲、美洲、非洲和亚太地区相继成立了地区性的绿党联盟组织。至2001年，全球绿党协调（Coordination）和全球绿色网络同时成立。目前，全球绿色网络联络着79个正式成员和7个观察员组织。

二是全球地缘政治博弈不断升级。

从全球能源转型初期来看，以石油为主的化石能源仍将在未来一段时间内具备重要的战略地位。目前，由于大部分油气资源储量依旧集中于特定地理区域，甚至一些政局不稳的地区，化石能源仍将是各种政治力量相互制衡的重要砝码。从能源转型进程的中长期来看，尽管石油和天然气还是会被用作影响国家及地区之间外交政策的工具，但其地缘战略重要性将逐步降低。同时，随着世界各国对电力、生物燃料、氢等新兴能源，以及锂、钴、稀土金属等关键材料的需求上升，各国可能出现新的发展依赖和短板。跨境互联电力或关键原材料供应可能成为新的地缘政治武器。

三是全球权利分配正在重新洗牌。

对石油生产和贸易的控制一直是20世纪以来强权政治的一个重要特征，然而新能源的崛起意味着全球利益的重构，传统意义上的能源匮乏国也可能成为新能源体系下的能源"大国"。历史上因化石能源出口而享有地缘政治影响力的国家，如果不顺应全球绿色低碳转型趋势及时调整发展模式，其经济社会发展能力将会遭受重创，国际影响力和话语权也将大打折扣。而注重技术创新的国家和地区则拥有在全球能源转型中争夺最大收益的底气，全球影响力和话语权也将持续提升。此外，随着全球能源结构从以化石能源为主转向以可再生能源为主，建立在化石能源基础上的国家和地区联盟力量正在被削弱，围绕着可再生能源和新商品的新型国家依存关系正在形成。

四是北约内部出现明显分歧。

事实上，北约各国之间的利益联盟并非铁板一块。近年来，美国屡次施压于英国、德国、法国等欧洲国家统一利益战线，对华、对俄进行打压。部分欧洲国家在多次为美国利益买单后，开始出现政策摇摆，不再像往日一样对美国"无条件跟随"。尤其是在能源问题上，美国在俄乌冲突上的激进立场稳稳踩在多数欧盟国家的能源红线上，导致北约国家间的"内讧"加剧。其中，土耳其国内"退出北约"的声音越来越大，匈牙利则已经直接同意了俄罗斯的"卢布结算令"。在对俄制裁问题上，匈牙利总理欧尔班·维克尔曾公然讽刺美国总统拜登，"通过实施'对我们的伤害比对俄罗斯更大'的制裁，那将永远无法取得和平"。在德国总理奥拉夫·朔尔茨看来，对俄罗斯的制裁要基于"德国和欧盟的经济不会遭受严重打击"的前提。若现在实施对俄罗斯能源的禁令，只会导致欧洲的经济状况恶化，人们的基本生活无法得到保障。随着欧盟这块"铁板"上的裂隙不断扩大，美国对北约的操控难度也将不断加大。

五是世界政治多极化格局进一步显现。

苏联的解体、东欧的剧变、中国的崛起，以及多个日益强大的政治势力的发展，使得世界的政治格局发生了巨大的变化。其中，中国凭借持续增长的经济体量、迅速提升的综合国力，正在成为世界政治格局中重要的一员；欧盟作为一个独立自主且在实力上可与美国并峙于相同数量级的经济体，为其他国家极大地增加了战略回旋空间；俄罗斯凭借其强大的全球性战略军事力量、得天独厚的能源资源，以及在中亚、中东等重要地缘政治区域及互联网空间的娴熟操控力，在世界政治格局中依旧发挥着重要作用。此外，以日本、韩国和东南亚国家为代表的新兴经济体，拥有巨大的发展活力和可观的发展前景，在国际上扮演着重要角色；印度和澳大利亚也在各自所处的南亚、南太平洋地区拥有其他国家所不及的支配性力量。

经济格局：百年未有之巨变

作为十分重要的人类活动，经济生产与自然环境的联系最为紧密。近年来，日益频繁的极端气候灾害事件导致全球经济遭受了越来越大的损失，碳中和倒逼着世界各国加速经济转型，重组绿色经济贸易格局的重大时机已经出现。

一是世界经济正面临着严峻冲击。

自 2008 年国际金融危机发生后，世界经济一直未能真正地走出危机的泥淖，欧美等发达经济体多轮"放水"刺激下的"复苏"更多的是股市表现而非实体经济重振。2020 年暴发的新冠肺炎疫情令本就危机四伏的世界经济雪上加霜。以美国为例,从 2020 年到 2021 年,美国的国债规模从约 23 万亿美元飙升到约 30 万亿美元的同时,本已严峻的贸易逆差一年间增加了 27%,再创新高,成为"货币抗疫"效果的典型样本。在新冠肺炎疫情的影响下,港口拥堵、通货膨胀率上升、成本上涨等不良反应给全球市场带来困扰。在全球经济尚未从新冠肺炎疫情的冲击中恢复过来的阶段,美联储针对美元快速加息和缩表的动作在一定程度上引发了全球流动性的短期枯竭,导致多国避险情绪[1]上升,并对新兴市场的资产形成了较大冲击。叠加 2022 年 2 月末爆发的俄乌冲突的影响,金融市场、能源价格、资源价格乃至潜在的粮食价格冲击来势汹汹,全球经济逐步显现"衰退"信号。

二是绿色复苏和转型呼声高涨。

面对全球气候问题和资源环境压力,各国积极推动经济发展绿色转型是大势所趋。在过去十多年里,很多国家出台了与绿色投资相关的战略政策,将推动绿色产业发展作为战略重点。新冠肺炎疫情发生后,多个国家制定了经济绿色复苏和转型目标。欧盟将推动绿色转型作为经济复苏计划的核心内容之一,在其 2020 年制定的总额超 1.8 万亿欧元的经济复苏计划中,有 37% 的资金将被投入与绿色转型目标直接相关的领域;新加坡在 2021 年公布的新加坡绿色发展蓝图中,为推动城市绿化、可持续生活和绿色经济等制定了明确目标;包括阿联酋、沙特阿拉伯、南非、摩洛哥等发展中经济体在内的国家和地区纷纷增加资金投入,在促进绿色发展方面进行了积极探索和实践。在利好政策的催化下,绿色产业将迎来新一轮发展

---

[1] 指不愿通过借款等方式承担风险的逃避情绪。

空间，并将为经济复苏提供重要动力。

三是全球绿色转型进程中隐藏着"碳泡沫"危机。

气候变化带来的威胁、市场和政策施加的压力，势必会继续降低碳氢化合物的经济效益，但由于全球化石能源仍需在一段时间内为清洁能源生产经济体提供安全保障，所以即使在碳减排约束日益收紧的情况下，化石能源也将在一定时期内维持或提高价格。比如，在自2021年10月以来爆发的全球性能源危机中，化石能源价格陡增，煤炭、天然气瞬间成为投资者奋力挖掘的估值"洼地"。随着气候政策的持续收紧和太阳能、风能等清洁能源的大力发展，更广泛的可再生能源利用及更高效的能源利用方式必然导致化石能源产品及储量中的部分资产处于永久"搁浅"状态。如果有投资者在前期投资时预计这部分储量将被商业化，那么化石能源公司的股份就会被高估，进而引发"碳泡沫"现象。荷兰内梅亨大学的简-弗朗索瓦·美乐带领的国际团队在相关研究中指出："如果不尽早防止通货膨胀，能源储量中未被利用的部分将造成全球经济1万亿~4万亿美元的损失，与2008年金融危机的程度相当。"

四是新的经贸版图正在形成。

在全球绿色变革进程中，清洁能源的使用与发展面临着重大机遇，化石能源则面临或遭改造或遭弃用的风险。在碳中和背景下，全球产业将由资源属性变为制造业属性，商品原材料生产、加工、运输的价值链也将随之发生变化，以绿色产业为重心的国际新经贸结构将逐渐成为未来支撑世界经济的主流，国家和地区之间的贸易关系也将从过去以化石能源为重心转移到以区域电网为重心。目前,已经有占全球排放65%、经济总量70%以上的国家和地区做出了碳中和承诺[①],这意味着经济社会发展和国际贸易投资都将更青睐具备潜力与产能优势的绿色新产业,碳中和将成为未来技术和产业发展的全球性标准,甚至成为贸易和投资进入的"门槛"。与此同时,出于本国贸易保护的目的,欧美发达国家动用以碳关税为主的贸易武器的可能性增加。2020年以来,欧盟提出要加速推进"碳边境"计划,对减碳不力国家的产品征收碳税,以保护"采用更高环保标准"的产品。包括美国在内的某些发达国家陆续表达出要跟随欧盟推进边境碳税的意向,这将打乱发展中国家兼顾经济和减碳的发展节奏。

科技格局:山雨欲来风满楼

当今世界各国之间的竞争实质上是科技的较量。科技是增强综合国力的重要力量,美国、日本、欧洲发达国家、以中国为代表的发展中国家及新兴经济体对包括绿色技术在内的科技研发都加大了投入力度。把握全球新一轮科技革命和产业变革,加快制度创新和技术革新的步伐,已成为世界各国低碳经济发展的重要推动力,也将为经济社会后续的绿色升级提供坚实基础与竞争优势。全球科技格局与绿色转型进程相互影响、相互推进,主要呈现出以下特点。

一是信息化是大势所趋。

各国在应对气候变化的战略中,大都提出要积极推进信息化、大数据

[①] 参见柴麒敏的《碳中和将重塑世界产业经济格局》。

应用，促进绿色低碳转型。世界经济论坛发布的数据显示，5G 与物联网、人工智能等技术相结合，可在全球范围内减少约 15% 的二氧化碳排放。《欧洲绿色新政》以实现碳中和为核心目标，明确提出要充分挖掘人工智能、5G、云计算、物联网等数字转型的潜力，助力产业低碳转型，出台可持续的智能交通战略。美国"应对气候危机的行政命令"鼓励人们自愿开展气候智能型农业。瑞典"农业碳中和计划"通过推动 GPS 导航自动驾驶、农业遥感卫星图像分析控制等精准农业和数字化管理，到 2050 年可减少约 25% 的温室气体排放。日本《绿色发展战略》提出"绿色数字化"，计划 2030 年实现新建数据中心节能 30%，2040 年实现通信业碳中和目标。

二是碳中和愿景将推动科技产业发生深刻变革。

在碳中和愿景下，能源生产和消费将发生深刻变革，以先进核能和可再生能源为代表的非化石能源利用技术将成为主流。工业、建筑、交通等领域终端能源利用的电气化技术、电力深度脱碳技术、氢能技术、生物技术和合成燃料技术等将得到大规模应用。CCUS 技术、空气捕碳（DAC）技术、矿物碳化技术、地球化学技术等碳移除技术，也将作为推进气候治理进程的有效补充手段得到大力发展。这些趋势必将为近零碳、零碳乃至负排放技术的发展带来更大的产业化应用的机遇。尤其绿色低碳转型时间紧迫的中国，要在 2060 年前实现碳中和目标，需要在极大程度上依托低排放技术的跃迁式创新及新型基础设施的规模化建设。

三是绿色发展相关技术领域的竞争加剧。

随着能源结构由以化石能源为主转向以可再生能源为主，各国在化石能源上的差距逐渐被淡化，经济社会发展所需的能源利用模式将不再是资源争夺，而是技术竞争——谁拥有最先进的新能源技术，谁就能更有效率地开发利用能源资源；谁能在这轮技术竞争中领先，谁就可以将技术出口，以获取更多发展权益，在国际上拥有更强的领导力、更大的话语权和更多的市场份额。IEA 的一份报告显示，目前 40%的减碳量归功于尚未市场化的技术，可见绿色发展相关技术仍有发展空间，世界主要经济体在清洁技术领域正在使出浑身解数。拜登在选举期间提出 2 万亿美元的气候与基建投资计划，以及增加 3000 亿美元用于发展清洁能源和新技术；欧盟委员会提出，在"地平线欧洲"计划 1000 亿欧元的预算中拿出 35%来投资与气候相关的项目，开发具有成本效益的创新型解决方案；中国虽然在绿色低碳技术的基础创新方面不及欧美国家，但在绿色技术的应用方面处于领先地位，并且在基础研发方面正在不断缩小与欧美国家的差距。此外，近年来技术脱钩和出口限制日益增多，这也刺激了各国在技术方面的竞争。

气候治理格局：南北阵营与三大巨头

人类承担不起放任全球气候变暖的后果，也没有一个国家能够在气候变化所引发的浩劫中独善其身。长期以来，化石能源作为工业经济的食粮，其相关活动在当前及今后较长时期依然是影响温室气体排放的决定性因素，这迫使世界各国纷纷加快从石油时代向"后石油时代"迈进的步伐。目前，全球投向清洁能源和技术的资金虽然在不断增加，但由于新能源市场的波动性、间歇性不可避免，以及各国对保障经济发展有所考量，当前

第二章　世界能源变局与主要经济体能源动向

全球应对气候变化的雄心与能源供需平衡间的差距依然在扩大，化石能源消费仍将在未来一段时间内保持增长趋势。

其实，除了受新冠肺炎疫情影响的2020年，自2015年巴黎气候大会以来，二氧化碳排放量始终逐年递增的这个事实也有力地佐证了这种观点，也从侧面折射出世界各国应对气候变化工作的紧迫性。然而，在波诡云谲的国际局势下，随着多国经济复苏对能源需求的暴增，加之俄乌冲突，能源供需已近失衡。出于对危机蔓延的恐慌，全球各主要经济体不得不采取限电、省气等措施，同时寻求更多新渠道购买能源，这导致全球范围内可持续减排的有效措施一再推迟，还可能需要付出重大的经济和社会代价，让应对气候变化的目标变得更加遥不可及。

2021年和2022年联合国政府间气候变化专门委员会（IPCC）第六次评估报告第一和第二工作组发布的报告，再次强调了气候变化的严峻性和紧迫性。人类活动产生的温室气体排放已经导致全球气温升高约1.1℃，如果全球升温在未来几十年或更长的时间内超过1.5℃，人类本身、自然系统、生物多样性都将面临巨大的风险。全球气候治理已经进入紧急状态，各国比以往更加迫切地需要完善且持久的气候变化应对方案。

为了更好地应对气候变化，1990年以来，《联合国气候变化框架公约》《京都议定书》《巴黎协定》相继应运而生。气候谈判因各国按照各自利益站队而形成谈判集团化的特点：美国与欧盟自是不必说，以中国为核心的发展中国家也按照不同的诉求分化成不同的利益小团体。特别是在后京都进程中,原来的发达国家与发展中国家两大集团又细分为发展中国家的"七十七国集团+中国"、积极推进气候谈判的欧盟,以及伞形国家集团。

以主权国家为核心行为体的多边气候治理机制暴露出南北对峙、阵营内部矛盾与博弈纠缠、协议约束力不足等一系列问题,还有来自新兴多边组织的挑战。在国际气候谈判的不同阶段,各个博弈阵营在全球气候治理进程中发生了多次变化重组,但整体博弈主体可以概括为"两大阵营,三大板块":南北阵营的界限趋向模糊,但仍依稀存在;发达国家、新兴国家和欠发达国家三大板块总体可辨。

大国竞争格局:不容忍超越与不放弃发展

世界正处于以大国政治为基本框架的全方位的竞争态势和秩序格局中。进入 21 世纪,以中国为代表的新兴经济体迅速崛起。随着全球绿色低碳转型进程的推进和新旧能源形态的转换,各国在经济实力、军事力量及科技领域的竞争日益白热化,国际格局的分化调整加速,美国在国际上掌握的绝对话语权受到冲击。出于维护世界霸权地位的长远意图,美国竭力拉拢盟友对中国、俄罗斯、印度等日益发展壮大的国家进行打压,并强势放话不允许包括中俄在内的任何国家超越自己。当前,世界大国的竞争格局主要有以下几个特点。

一是中美博弈加剧。

近年来,大国博弈已成为世界竞争格局的主线。从 2010 年奥巴马政府推出旨在平衡地区力量的"重返亚太"战略，到 2017 年特朗普政府对中美两国关系的重新定位，再到 2020 年美国白宫发布的《美国对中华人民共和国战略方针》，大国间的贸易争端、科技争端、网络争端、空间争端、毁约争端等冲突不断，在某些特定时期甚至会走向一国"不容忍被超越"，而另一国"不放弃发展"的对峙局面。

二是美俄关系持续恶化。

在冷战结束后的数十年里，美俄关系始终是大国关系中最敏感脆弱的一环。俄罗斯总统普京执政以来，一度将改善与西方的关系作为国家外交的重心之一，先后积极与美国小布什政府、奥巴马政府改善关系。但西方国家始终将俄罗斯视为主要的安全威胁，北约集团不断采取钳制俄罗斯的扩张政策，将成员国从 16 个扩大到 30 个，势力范围从冷战时期的西欧、南欧和中欧地区逐渐扩大到东欧和东南欧地区，从波罗的海一直延伸到黑海地区，对俄罗斯形成了完整的战略包围圈。美国对俄罗斯进行制裁并不时加码，双方在北约东扩、乌克兰危机、叙利亚危机等问题上针锋相对。到 2022 年年初，美国和英国更是将"俄罗斯威胁论"升级为"俄罗斯入侵论"，俄罗斯与西方对话的氛围完全消失。其中，美国还试图借助俄乌冲突搞垮并肢解俄罗斯，联合盟友驱逐俄罗斯外交官、冻结俄罗斯巨额外汇储备，美俄关系跌至冰点。

三是欧美关系裂痕增大。

近年来，美国展现出日益浓厚的单边主义色彩，对欧洲坚持的多边主义价值理念和政策导向造成多重冲击，欧洲内部"战略自主"的呼声不断提高。在全球经贸领域，美国动辄挥舞制裁"大棒"并频频发起贸易战，欧洲则推崇自由贸易、多边主义和以国际法为基础的国际经济秩序，主张通过谈判与磋商解决贸易争端，反对"极限施压"。欧美摩擦不断，双方在农产品贸易、"欧盟补贴空客"等问题上的矛盾持续加深，在伊朗核问题、防务开支、数字税等方面的矛盾与分歧突显。

能源主要供应国：向左还是向右

美国：能源独立之路镜鉴

全球油气供需格局和市场治理的深刻变革，推动着美国这个能源生产和消费大国逐渐步入了"能源黄金时代"（见表2-1）。2019年可以载入美国能源行业史册，因为在这一年美国近67年来首次成为能源净出口国，并实现了1974年以来历届美国政府所提倡的"能源独立"目标。

表2-1 美国能源消费情况一览　　　　　　　　单位：亿吨标准煤

时间	煤炭	石油	天然气	核能	可再生能源	总量
1973年	4.44	11.86	7.29	0.30	1.02	24.91
1980年	5.27	11.61	6.56	0.90	1.05	25.39
1990年	6.56	11.43	6.35	2.07	1.23	27.64
2000年	7.72	13.09	7.72	2.71	1.23	32.47
2010年	7.13	12.15	7.96	2.72	1.77	31.73
2011年	6.72	11.91	8.08	2.65	2.06	31.42
2012年	5.94	11.64	8.45	2.56	2.00	30.59
2013年	6.17	11.84	8.68	2.61	2.12	31.42

续表

时间	煤炭	石油	天然气	核能	可再生能源	总量
2014 年	6.16	11.92	8.87	2.62	2.18	31.75
2015 年	5.32	12.17	9.13	2.61	2.22	31.45
2016 年	4.87	12.26	9.20	2.62	2.46	31.41
2017 年	4.73	12.38	9.09	2.60	2.70	31.50
2018 年	4.53	12.67	10.09	2.59	2.76	32.64
2019 年	3.87	12.67	10.43	2.59	2.81	32.37
2020 年	3.14	11.10	10.22	2.52	2.10	29.08

数据来源：美国能源信息署。

从表 2-1 中可以看出，进入 21 世纪，美国能源消费结构持续优化，呈现出"煤降低，油持平，清洁能源稳步上升"的特点。从化石能源消费来看，煤炭与石油占比稳步下降；天然气消费则明显相反，占比稳步上升。从可再生能源消费来看，消费量与占比稳步上升。

其实，作为全球毋庸置疑的能源生产与消费大国，早在 1950 年前后，美国便完成了由煤炭向石油的能源升级，成为当时世界上第一个以石油为主要战略能源的国家。加之美国的经济步入了高速发展阶段，从 1948 年开始美国便由原油净出口国变成了净进口国，并在此后的几十年里占据着原油进口国榜首的位置。能源对外依存度的提高不仅大大增加了生产成本，还为美国经济的发展埋下了一颗定时炸弹。

1973 年 10 月，第四次中东战争爆发，为了打击支持以色列的西方国家，阿拉伯石油生产国将石油作为战略性武器，通过减产、提价、禁运等手段，对以美国为首的以色列支持者实施石油制裁，由此引发了第一次能源危机。1978 年 1 月，伊朗爆发了伊斯兰革命，国内动荡的局势导致原油产量出现了大幅下降，1978年年底更是完全停止了石油出口。正值全球对石油的需求处于大幅上升时期，国际市场失去了伊朗这个主要石油生产国的输出，石油供给的骤减导致国际油价飙升，原油市场再度陷入了恐慌，第二次能源危机爆发。

20世纪70年代的两次能源危机将国际油价从1972年的不到3美元/桶提升到1980年的约40美元/桶，提升了近14倍，这也造成了资本主义国家范围内的通货膨胀，最后演变成非常严重的全球性通货膨胀。1972年至1982年期间，美国的CPI（消费者物价指数）年均涨幅达到了近9%。由于长期以来高能耗的发展模式与消费习惯，以及长期依赖进口弥补能源缺口，美国出现了较为严重的经济衰退，生产要素价格短期内成倍暴涨，经济秩序紊乱，工厂倒闭、工人失业、交通运输困难等成为常态。在能源危机中，美国经济的脆弱性暴露无遗。此外，美国在第一次世界大战后建立起来的能源安全战略体系，也在两次能源危机的强烈冲击下名存实亡。两次能源危机可以说为美国提出"能源独立"狠狠加了一把火，实现"能源独立"成为美国历届政府核心的国家战略和施政纲领。

尼克松政府正式提出了"能源独立计划"，要求通过紧急能源法案，拨款100亿美元用于支持新能源开发，旨在降低能源对外依存度，以期到1980年实现能源的自给自足。此后一段时间，美国"能源独立"政策的重心主要在节能增效、加强战略石油储备及发展新兴替代能源上。

20世纪90年代，老布什与克林顿执政时期，恰逢东欧剧变、苏联解体，沙特阿拉伯一跃成为当时的全球第一大石油生产和出口国，全球能源格局迎来了大变革。与此同时,冷战的结束及"一超多强"国际格局的形成促使美国经济飞速发展,对石油资源的需求可谓与日俱增。但不变的是,严重依赖中东地区石油依然是美国能源安全的痛点所在。这个时期,美国能源战略的重心转移到维持能源稳定供应、保证能源安全上。为此,美国凭借着强大的海权控制,运用制裁、战争、价值观输出等一系列手段,强势介入了重要能源产区的地缘政治局势,加强了对中东地区的战略控制。同时,为了保证能源供给稳定,削弱来自中东地区的制约,美国不断加强与加拿大、墨西哥等产油国的贸易关系,致力于推进北美能源一体化,以建立北美能源安全网,从而构建有利于自身发展的能源战略格局。

从尼克松政府到克林顿政府期间,美国的能源战略大多强调的是节能增效和能源供应渠道的多元化,出发点聚焦在确保海外油气的供应安全上。然而,美国庞大的能源需求决定了以节能增效和需求管理为主的政策显然不足以使美国真正实现"能源独立"。

21世纪初期,持续飙升的国际油价又一次引起了美国领导人对本国能源严重依赖进口的担忧,多变的国际地缘政治局势,也促使小布什政府将眼光聚焦到了国内。2005年,小布什总统签署了《美国能源政策法案》,将未来美国能源战略的重心从确保海外油气的供应安全转移到增加国内油气产能和战略储备、降低能源对外依存度上,开始将大力发展以新能源为核心的新兴产业纳入宏观规划。2006年的《美国能源战略计划》提出,要大力支持天然气、核能等清洁能源的发展,通过投入持续增长的资金、强制购买等方式,加强国内石油勘探和开发,积极鼓励国内能源增产。同时，小布什政府还大力提倡节能增效与开源节流，并制订了明确的税收计划来调动社会对节能消费的积极性和主动性。

因此，美国能源对外依存度尽管在此期间达到20世纪70年代以来的最高位，此后便开始呈现下降趋势。美国能源信息署（EIA）发布的数据显示，2005年，美国能源对外依存度达到了峰值，在30%左右；2006年，美国原油对外依存度达到了72%的峰值，随后开始逐渐下降。

2009年，奥巴马上台。在经历了金融危机后，奥巴马政府希望通过推动能源产业的转型与发展带动美国的经济复苏。上台当年，奥巴马就签署了《美国经济复兴与再投资法案》，提出进一步增加国内油气产量，大幅增加新能源开发应用及相关技术研究的资金投入和新能源产业的税收优惠支持力度。奥巴马还提出"清洁能源国家战略"，采取了调整税收、补贴、提高行业标准、严格化市场机制等方面的系列举措，旨在通过推动新能源产业的发展来拉动经济的发展。当时，在经过漫长的发展与积累后，美国已经拥有大量新能源开发和利用的专利技术。奥巴马政府大力增加投资，鼓励新能源相关技术的研究和应用，则进一步促成了2009年美国页岩气革命。2010年，奥巴马打破了20年来的采油禁令，做出了开放近海油气资源开发权的决定，美国的石油产量出现了猛增，页岩气产量更是在5年间提升了近20倍，这使得美国原油对外依存度在2010年下降到了50%这个国际"警戒线"以下。

特朗普在执政时期虽然提出要实现"能源独立"，却不走寻常路。在全球气候治理上，特朗普一上台便退出了《巴黎协定》，这种冲动的"退群"行为，导致美国为碳减排所做的多年努力付诸东流不说，还拖慢了全球气候治理的进程，产生了极大的负面影响。在"能源独立"政策上，他彻底推翻"清洁电力计划"，推出了"美国能源优先计划"，提出要不断加强对化石能源的开采，持续推进页岩气革命，提高本国能源产量，并大力推动能源出口；大力支持清洁煤技术的发展创新，复兴美国煤炭工业。在特朗普看来，新能源产业的投资回报周期过长，并且效益很低，对推动美国经济增长百害而无一利，因此石油和天然气等化石能源资源更受其青睐。

话说回来，虽然特朗普表现得很任性，但实现了美国追求了近半个世纪的"能源独立"的梦想。从美国能源信息署公布的数据得知，2019年美国成为能源净出口国，石油产量达到每天1230万桶，占全球20%左右的份额，甚至超过了沙特阿拉伯与俄罗斯，成为全球第一大石油生产国，实现了"石油自由"与"能源独立"。经过一轮又一轮的发展与完善，当下美国已经形成了一套较为完备的能源政策体系。虽然美国实现"能源独立"的路径是不可复制的，而且很多专业人士认为美国并没有在真正意义上实现"能源独立"，但是仍然有许多值得我们借鉴的地方。

通过对美国近半个世纪以来"能源独立"政策的回顾分析不难看出，美国的能源政策是遵循某种特定逻辑的。我们不妨将美国的"能源独立"之路分为两个阶段：第一阶段是21世纪以前，主要是建立安全、多元的能源供应渠道，保证海外油气供应；第二阶段是21世纪以来，由高度依赖能源进口向加强本国油气开发转变，大力发展新能源，逐渐降低能源对外依存度。此外，节能增效是始终贯穿于能源独立历程的。美国能源战略的特点与启示可以概括为以下几个方面。

第一，大力推广节能减排，提高化石能源的利用率。就拿奥巴马政府来说，一方面明确了目标，提出要在未来20年内将美国能源利用率提高一倍以上，并提出要建设数字化智能能源网；另一方面为了实现这个目标，奥巴马政府制定了提高汽车燃料利用率政策和全国低碳燃料标准（LCFS），着力点是提高汽车能效。同时，计划筹集40亿美元的联邦政府资金来支持汽车制造商重组工厂，以及为国内汽车生产与零件加工工厂提供贷款担保，鼓励其引进先进的汽车制造技术，生产更加节能的汽车。此外，还制定了建筑节能目标与标准，并对联邦政府建筑进行了节能改造。

第二，鼓励能源多元化发展，夯实实现"能源独立"的基础。一是加强对国内油气资源的勘探与开发，降低对进口能源的依赖，提高国家能源安全。进入21世纪，美国政府便大力支持传统油气资源的勘探开采，不仅解除了近海油气开采禁令，还进一步放开了东部沿海、墨西哥湾、阿拉斯加部分海域等油气田的开发权，使得本土油气产量迅速增加，这为美国化解能源品种供应单一的潜在风险与降低能源对外依存度提供了强有力的支撑。二是加大新能源的开发力度，逐步实现能源独立。美国政府加大新能源产业的政府预算投入，鼓励新能源相关技术的开发研究，通过提高技术创新水平，加强对太阳能、风能、地热能等新能源的开发应用。比如，奥巴马政府每年拿出150亿美元的政府预算，支持太阳能、生物燃料、风能及清洁煤技术研发等新能源项目。油气、太阳能、风能、核能等能源的多元化发展与综合利用有效增加了能源供给，大大提高了美国能源自给率。

第三，"能源独立"离不开技术创新的支持与赋能。一是积极提高化石能源勘探开发与利用技术。通过美国能源信息署公布的数据可以看出，化石能源消费总量占美国能源消费总量的比例达到了70%以上。因此，作为美国能源的主力军，不管是从提高开采效率还是从提高能源利用效率方面看，化石能源都显得尤为重要。为此，美国不仅大力对化石能源开采利用技术进行改进，还制定了严格的能效标准，并及时修订标准。二是积极研发可再生能源等非化石能源开发技术。新能源开发利用前期阶段的研发投入无疑是巨大的，且投资回报周期长，所以有无政府的强力支持成为关键。对此，美国通过积极的政策及投资扶持，大力支持可再生能源开发技术、清洁能源技术与非常规油气资源开发技术的研发。美国在2009年出台的《美国复兴与再投资法案》中提出，在未来5年政府要通过直接投资、税收优惠及贷款担保等多种方式投入近1500亿美元，大力扶持清洁能源技术研发及其产业发展。同时，通过引入风险资本、私募基金等方式吸引全球资本开展清洁能源投资。当下，美国已在可再生能源发电技术、智能电网技术、电动车电池技术等领域抢占先机，并且通过技术输出获得了知识产权利益，为其在全球经济博弈中赢得了竞争优势。

第四，未雨绸缪，积极培育新能源消费市场，为实现能源独立解决后顾之忧。消费是生产的目的，更是生产的动力，新能源的发展与产业化必须立足于新能源消费市场的开拓上。美国的汽车保有量居全球首位，又有发达的高速公路，交通运输部门的用油量达到了石油消费总量的七成多。正是看到了广阔的市场，为减少石油消费与扩大新能源消费，支持特插电式混合动力汽车产业化发展，2009年奥巴马政府投入24亿美元，给予新能源生产企业税收优惠，降低新能源生产企业的进入门槛。然而，受到高昂的成本代价与市场机制的影响，新能源产业发展依然难以为继。为进一步促进新能源发展，美国联邦政府表态，如果公司购买节能汽车超过1.76万辆，可享受低息贷款，汽车制造公司进行电动汽车的自主研发和市场化开拓都将得到资助。此外，美国政府为了提升公众的消费能力，又制定了7000亿美元的抵税额度，用以支持消费者购买节能汽车。这些举措不仅极大地促进了新能源发展，还使得新能源汽车市场份额迅速达到20%左右，为生物柴油、氢燃料等新型燃料开拓了广阔的市场前景。

第五，完善配套法律政策，为能源战略落地实施保驾护航。美国能源独立政策得以实施，可以说离不开美国健全的能源立法体系。除了宏观的综合性指导战略，美国国会与政府还会出台配套法律与政策，保障战略能够落地实施。美国通常采用以综合性能源立法为主，辅以专门性能源立法和配套性能源立法的模式，并且为了保障其能源战略能够顺利实施，修订频率会非常高。例如，美国国会要求总统每两年提交一次《国家能源政策计划》，用以指导本届政府的具体能源实践。此外，美国国会根据能源战略实施的需要制定与时俱进的《能源政策法案》，为能源战略的实施提供法律保障，这样能源战略可以根据局势变化及时进行调整。美国能源效率的提升，页岩革命的成功，新能源技术的运用，新能源汽车的广泛推广等，都基于美国相应的立法、政策的保护和支持。能源政策的成功实施，又使得美国能源安全有所保障。与此同时,为了削弱能源产地的不稳定因素造成的影响,美国积极开展能源外交,不断加强与加拿大、墨西哥等北美国家的能源合作,从而提高各方对全球经济、安全和环境的关注度,并且建立和维护着全球规模最大的政府应急原油储备。

纵观美国的经济腾飞史和对外关系史,无一不与能源息息相关,能源战略对美国具有重要的意义。总体来看,通过提高燃油经济性、发展电动汽车、加强国内能源基础设施建设和改造、大力发展清洁能源等措施,美国能源战略进一步推动了美国能源独立,并帮助美国有望成为未来绿色能源产业中的领导者。

俄罗斯:地主家的余粮

作为世界资源大国,俄罗斯所有自然资源的总价值约为 300 万亿美元,已探明资源储量占世界资源储量的约 21%,居世界首位;已探明资源储量价值约为 30 万亿美元,同样居世界首位,而美国、中国、西欧的资源储量价值则分别为 10 万亿、5 万亿、2.5 万亿美元。而且,俄罗斯各种资源储量几乎都位于世界前列,特别是在其他国家非常短缺的矿物、森林、土地、水等资源方面,俄罗斯的优势非常大。据俄罗斯科学院经济研究所测算,从探明储量来看,俄罗斯各类矿产资源的保障程度都相当高,石油可供开采约 35 年,天然气约 81 年,煤 60~180 年。

为此,俄罗斯能源政策的战略焦点除了确保国家能源安全,还增加了确保生态安全、能源效率和财政收入等内容。2003 年 8 月,俄罗斯联邦政府批准了俄罗斯到 2020 年的能源战略规划，其主旨为满足国内经济的能源需求，降低单位 GDP 的能源消费，减轻能源过度开发对环境造成的影响。该能源战略规划指出，俄罗斯可以在现有基础上额外节约 39%～47%的能源消耗。2009 年 8 月，为加快能源产业的发展，确保国民经济的能源需求，俄罗斯联邦政府通过了 2030 年前的俄罗斯能源战略，用它取代了 2020 年前的俄罗斯能源战略。

新能源战略提出了俄罗斯燃料和能源部门发展的"三段论"：第一步主要是在 2013—2015 年加快能源出口以缓解金融危机带来的后遗症；第二步是在 2015—2022 年这段时间里，基于燃料复合体的开发，努力提高能源效率，确保到 2022 年将俄罗斯的能源消费量减少到 3 亿当量左右；第三步是明确能源发展重点，聚焦核能和可再生能源等非常规能源，保证到 2030 年俄罗斯非常规能源的发电量达到 800 亿～1000 亿千瓦时，相较于 2008 年占全国总电力比重提升 38%左右。

此外，俄罗斯还采取了其他有力措施。

第一，通过产业结构调整和大力推动技术创新，建立完善的节能降耗产业体系。产业结构的变化直接决定了各产业的能源消费的强度和弹性水平，进而能影响国民经济的能源消费和利用效率。显然，俄罗斯产业结构调整的重点是，降低能源及原材料消耗的增长率，在严格控制能源密集型工业规模的基础上，加快推动传统产业转型升级，大力发展高技术含量、高附加值、高效率的新兴产业，提高高新技术产业在国民经济中的比重。据俄罗斯专家介绍，通过支持产业重组和采用节能技术的方式，俄罗斯国民经济的能源消费量将大幅削减。此外，不增加能源消费的结构改革可以使经济增长幅度达到预期的50%，其中节能技术的使用可以推动经济增长20%以上，仅剩下占比不到30%的经济增长需要依靠增加能源消费来实现。俄罗斯工业节能减排的潜在经济效益每年高达242亿美元，完全可以比肩2020年世界排名100之后的国家的GDP总量。俄罗斯年节能潜力约为3.6亿吨标准煤~4.3亿吨标准煤，占年能源总需求的35%~40%。

第二，大力开发可再生能源。俄罗斯拥有巨大的可再生能源潜力，其境内有着丰富的非化石资源，如水力、风力、地热、太阳能等。俄罗斯虽然拥有巨大的可再生能源潜力，但几乎没有正在进行的项目。可再生能源开发的阻力主要有：对能源和原材料产业的过度依赖，使得原有的能源产业结构在短期内调整乏力；可再生能源的开发刚刚起步，缺乏技术和专业人才支撑；缺乏相应的财政机制、优惠税收政策和匹配的经济机制来保证生态清洁能源独立生产者的利益，可再生能源产品的市场竞争力较弱；可再生能源基础设施建设需要投入大量的财力与物力，但是项目投资回收缓慢，同时可再生能源的某些自身特征也会带来制约，如太阳能发电受昼夜和季节变化影响大等。因此，俄罗斯提出在可再生能源开发方面，将持续提升国营水电企业在水电能源开发中的作用，积极规划和监督水电、风电等项目的建设与实施，并制定适当的上网电价补贴政策，进一步发挥风电等清洁能源在俄罗斯电力供应中的作用。

第三，积极鼓励国内能源企业深化改革与对外开放。推动构建能源对外经济活动的无差别体系，鼓励俄罗斯能源公司融入国际能源和金融市场，加快引进国外能源公司先进的管理经验和能源技术，解决目前存在的技术不足问题。国际金融危机爆发后，俄罗斯政府提出了国有资产民营化战略，大幅放宽了外资利用条件。外国企业的参与为俄罗斯能源企业的民营化进程带来了先进的节能技术和新型的节能设备，进一步增强了企业的发展活力并提高了企业的利用效率。

第四，开展节能方面的国际合作，加快转变单一的原料供应商角色。比如，为了吸引国外投资和促进节能项目的发展，俄罗斯政府与欧洲复兴开发银行进行了战略合作。自 2008 年以来，该银行已在俄罗斯的节能项目上投资 10.9 亿美元。2009 年 10 月，俄罗斯与英国启动了节能增效联合投资计划，双方签署了《能源效率联合投资谅解备忘录》。2009 年 11 月，在瑞典首都斯德哥尔摩举行的欧盟—俄罗斯峰会上，欧盟和俄罗斯领导人一致认为，双方将进一步深化在气候变化和能源领域的合作。此外，俄罗斯加强了与美国在智能电网、清洁能源等领域的合作。2012 年 5 月，俄罗斯递交了加入经合组织核能署（NEA）的文书，并于 2013 年成为经合组织核能署的第 31 个成员国。俄罗斯意图通过该组织加强与其他国家之间的合作，进一步提升核能发展的安全性、经济性与环保性。

OPEC：囚徒困境

第二次世界大战后，中东石油新发现使得世界石油产量和消费量快速增长，石油在世界能源构成中迅速追赶煤炭，世界迈入石油时代。

1960 年前后，国际石油公司两次不声不响地下调石油标价的行为令产油国恼火。在第二次石油标价下调一个月后，1960年9月14日，在伊拉克的邀请下，伊朗、伊拉克、科威特、沙特阿拉伯和委内瑞拉5个世界重要石油出口国代表，在伊拉克签署第一届OPEC会议决议，OPEC正式成立。成立之初，OPEC并没有引起国际石油公司的重视，因而获得了宝贵的发展空间和时间，相继吸纳了卡塔尔、阿尔及利亚等油气生产国加入，成员国在国际石油市场上所占的份额不断扩大，石油产量超过世界总量的一半。

OPEC成立后，立即投入维护石油标价稳定、提高石油收入的斗争中，并取得了显著的效果。一是与国际石油公司达成矿区开采税经费化的协议，1964—1966年，中东产油国的石油收入增加了4亿美元。二是采用配额生产制，使20世纪60年代的石油标价保持在1960年8月的水平，粉碎了国际石油公司利用产能过剩向产油国施压，以达到分裂和破坏OPEC的图谋。三是建立国家石油公司，开展石油国有化运动，维护产油国的石油资源权益。四是将油价斗争的重点转移到统一和提高石油标价上，并夺回标价权。

20世纪70年代是OPEC发展的鼎盛时期，它取代了石油巨头们在国际石油市场上的地位，一举一动都牵动着国际石油市场的神经。在这个时期，OPEC先后两次减产导致国际油价飙升，1973年和1978年的两次石油危机令西方经济遭到沉重打击。第一次石油危机导致西方经济在第二次世界大战后首次出现衰退，其中美国经济增长率由1973年的5.8%下降到1974—1975年的负增长率。第二次石油危机导致了世界性的经济衰退，世界经济增长率由1979年的4.2%下降到1980年的1.85%，1982年进一步下降到 0.4%。

20 世纪 80 年代，在高油价和经济衰退的影响下，世界石油需求下降，进而引起石油价格大幅下跌。需求方的地位提升和策略变化打乱了 OPEC 的计划，其市场调控能力开始下降。1980 年以后，主要石油消费国难以承受高油价带来的一系列经济压力，一方面大力推行节约，压缩石油消费；另一方面加强本国油气生产，加快发展替代能源。因此，世界石油供需结构发生了重大变化。

进入 21 世纪，影响国际油价的因素更加多元化，特别是以中国为首的亚太发展中国家经济快速崛起，带动石油需求显著增长，叠加中东地缘政治紧张等因素，推动国际油价大幅上涨。此时，OPEC 已经不能单独主导国际石油市场，虽多次调整产量以期控制油价，但收效甚微。直到 2008 年，美国金融危机爆发，国际油价大幅下跌。此后，OPEC 实施"减产保价"策略，加之多个国家的量化宽松政策，才使得国际油价得以回升。

然而，OPEC 是一个由利益立场各不相同的国家组成的联盟，成员国之间存在着严重的宗教和民族等矛盾，各国财政状况和政治局势不同，市场战略也不相同，这一切决定了该组织的凝聚力不强。各成员国时而联合对外时而互相拆台，大大削弱了其 OPEC 的影响力。内部缺乏有效的约束机制，更导致其陷入了"囚徒困境"的无序竞争中。

2020 年，新冠肺炎疫情不断蔓延，导致世界石油需求大幅下降，打破了沙特阿拉伯与俄罗斯之间刚建立不久的市场平衡。而且，随着美国"能源独立"，美国将成为全球石油供应格局中的重要一极，过去由以沙特阿拉伯为首的 OPEC 和俄罗斯等非 OPEC 产油国这两大势力主导的世界石油市场，逐步呈现出沙特阿拉伯、俄罗斯、美国"三足鼎立"的局面，OPEC 面临被左右制衡的困境，市场影响力进一步减弱。

同时，能源变革正加速向低碳化、无碳化方向发展。预计到 2050 年，清洁能源在所有能源中的占比将高达 56%。其中，非化石能源占比上升至 28.4%，天然气占比上升至 27.6%，超过石油的 27%。随着非化石能源占比的快速上升，以及主要国家加快 CCUS 技术的推广与应用，与能源相关的二氧化碳排放可能在 2030 年前后达峰，之后将快速下降。发展清洁、低排放的新能源和可再生能源已成为全球能源转型的大趋势，欧洲的石油公司纷纷宣布将在 2050 年之前实现碳中和目标，一些国家甚至宣布将在 2050 年左右实现国家的零碳排放。随着燃料石油消费的大幅降低，OPEC 也将日渐式微。

对此，OPEC 在 2021 年 9 月发布了《世界石油展望报告》。在该报告中 OPEC 表示，到 2023 年，全球燃料需求将持续增长，直到 2035 年达到稳定水平。其中，该报告提出了以下几个观点。

第一，石油仍旧不可或缺。在 OPEC 看来，当前发展中国家仍然占大多数，因此到 2045 年，全球经济规模预计将会扩大一倍，全球人口将增加约 17 亿，经济增长与人口增加带来的刚需，必将带动能源消费的增长，预计全球能源消费增幅将达到 28% 左右。其中，到 2045 年煤炭在全球能源消费结构中的比重将在 2020 年的基础上下降 10%，低至 17% 左右。除此之外，所有能源消费都会有所增长。在碳达峰、碳中和的大趋势下，可再生能源消费无疑是增长最快的，占全球能源消费的比重将从 2020 年的 2.5% 上升至 2045 年的 10%；天然气消费增长次之；全球石油消费需求也会随之上升，将从 2020 年的 33% 的占比上升到 2045 年的 39%。此外，未来 20 年发展中国家石油需求的增幅将高达 52%，到 2045 年石油消费仍会占据全球能源消费的最大份额。

第二，可再生能源发展有望加速。OPEC 在《世界石油展望报告》中提出，在成本下降和减排政策的推动下，风能和太阳能等可再生能源的消费需求预计会出现大幅增长。OPEC 也明确指出，虽然增速很快，但受限于较小的原始基数，到 2045 年可再生能源在全球能源消费总量中的占比可能只有 10%，依然不大。由此可以看出，从现在到 2045 年，化石能源消费总体呈现需求下降趋势，但是依然占据能源消费总量的大头。

第三，电动汽车可能难以对石油需求造成强烈的冲击。OPEC 指出，预计到 2045 年全球汽车总数将达到 26 亿辆，是 2020 年的 1.7 倍。就目前来看，电动汽车（EV）销量在持续增长，预计到 2045 年，全球电动汽车将达到 5 亿辆，占全球汽车总数的近 1/5。同时，天然气汽车（NGV）预计会有所增长，在未来 20 年间，预计增加 8000 万辆。即便如此，内燃机汽车（ICE）仍将保持其在全球汽车市场中的主导地位。根据 OPEC 预测，到 2045 年内燃机汽车占全球汽车总量的比重将达到 76% 左右，这在很大程度上取决于发展中国家及地区车辆规模的扩张速度。因此，在交通运输领域，清洁能源消费纵然会有所增加，但油品仍然是最主要的消费能源，石油的需求依然有增无减。

第四，美国石油产能有望持续增长。OPEC 认为，尽管近段时间以来，美国石油产量增长的势头似乎有所放缓，并出现了减弱的趋势，但是美国具有水力压裂技术的领先优势，石油产能随时可能"恢复增长"。OPEC在《世界石油展望报告》中指出：油价高涨和技术进步的双重驱动，以及美国页岩气的成功开发，推动着非常规油气进入快速发展的新阶段。这对能源供应及地缘政治产生了重要影响，使得很多石油公司转向更有利可图的致密油勘探开发，而美国已经在致密油领域取得重大的科研及实践进展。当下，支撑市场的基本因素很有可能刺激美国致密油产量从2022年开始恢复增长。OPEC预计，美国致密油产量在未来5年将增长到1480万桶/天，涨幅将达到30%，预计在2030年前后达到1520万桶/天的峰值，那时美国的石油总产量将达到2050万桶/天的峰值。

或许20年的时间不足以让石油彻底淡出国际能源舞台，但是石油总会被消耗殆尽。而且随着碳中和时代的到来，石油的主要能源地位被新能源替代是不可逆转的趋势。1960年成立的OPEC已经存在60多年了，其间国际油价经历了数次大起大落，OPEC作为一个主导全球石油产量和石油价格的组织也在不断发展演化。特别是进入21世纪后，国际石油市场格局发生了巨大变化，能源变革如火如荼，OPEC对国际石油市场的影响力不断减弱，其发展面临着前所未有的危机。

石油时代的结束是否预示着OPEC将退出历史舞台，甚至传统意义上的OPEC将就此走向终结？

中东：狼群里的羔羊

说起中东，可能很多人最先想到的就是石油。中东位于亚洲的西部和非洲的东北部，贯通亚、非、欧三个大陆，连接大西洋与印度洋，在很早以前就是较为特殊的交通枢纽。早在 20 世纪初，由于石油逐渐成为重要的能源，西方为了找到石油资源，获得巨大的利益，不断在外勘探石油。1901 年，一个叫作威廉·诺克斯·达西的英国人获得了伊朗某片区域的石油开采租赁权，并在这片荒芜的土地上进行勘探。

要知道，当时中东基本上还没有发现过石油的记载，而勘探的费用极其高昂，巨大的投入最终极有可能并不会获得收益，甚至血本无归。但是一旦发现石油，所能够获得的利益无疑是巨大的，因此威廉并没有放弃。1908 年 5 月 26 日，威廉的勘探队终于在伊朗找到了中东第一个油田，就此改变了中东的命运。

原本中东的石油开采量并不大，直到第二次世界大战后，无论是战败国还是战胜国都百废待兴，急需能源发展经济和工业，石油作为最重要的能源之一，自然成为越来越重要的战略资源。事实上，世界上石油储量最多的国家并不在中东地区，而是位于南美洲的委内瑞拉，其在 2020 年探明的石油储量达到了 3000 亿桶以上。但是比起中东地区的国家来说，委内瑞拉丰富的石油资源并不能被完全开采，而且它们都位于较深的地下，开采的成本较高。同时，委内瑞拉的石油品质比较低，再加上该国经济落后且基础设施薄弱，不仅无法提供石油开采的设施，更无法有效开采石油，距离全球主要石油市场也较远，因此委内瑞拉依然非常贫穷。

从地理上看，中东地区拥有大量石油的国家都在波斯湾沿海。这些国家石油埋藏得都比较浅，很容易就能开采出来，成本非常低，再加上储量大、分布集中、品质好，因此受到了全世界的追捧。

第二章 世界能源变局与主要经济体能源动向

国际能源署公布的数据显示，2020年中东石油产量占到全球产量的34%，石油出口占到全球份额的36%；天然气产量占到全球产量的22%，出口占比达到了17%。此外，以沙特阿拉伯、伊朗、伊拉克、阿联酋和科威特等中东产油大户为主的中东地区石油国家，加起来大约有7420亿桶，即1020亿吨的储量，相当于全球石油总储量的60%。油气资源成为中东地区经济运转的核心，油气出口为中东国家创造了巨大的财富。就拿"石油王国"沙特阿拉伯来讲，其不仅是全球石油储量第二大国，还是全球最大的石油出口国。沙特阿拉伯的石油储量达到了2664亿桶，占中东地区石油总储量的36%，该国90%的经济收入来自石油出口，而且沙特阿拉伯的地下可能还藏着1000亿桶未探明的石油。

但是，因为中东国家没有先进的炼油技术，无法生产出符合工业要求的成品油，所以一般而言这些国家出口的都是价格低廉的原油。近现代以来，中东地区一直有复杂的民族、宗教矛盾等背景，坐拥"令人垂涎"的石油资源，也许只会令其更快走上风头浪尖，成为贪婪与霸权的争夺地。

中东地区已有100多年的石油开采历史，其能源战略演变按特点可划分为五个阶段。首先是20世纪初到20世纪50年代中期的英国资本垄断阶段。该阶段中东地区无明确能源战略，油田实行租让制，勘探区块面积大、租期长、租金低，跨国公司享有控制权。其次是20世纪50年代中期到20世纪60年代末的美国资本垄断阶段。该阶段油田实行利润对半分成制，并且使用经费化，随着中东各国逐步收回国家主权及OPEC成立，能源战略重心转移到稳定油价上。再次是20世纪70年代的资源国有化阶段。此时油气资源所有权已被收归国有，国家石油公司建立，能源战略主要以稳定油价、提高收益为出发点，经济依然高度依赖石油产业。然后是 20 世纪 80 年代到 20 世纪末的多元化发展阶段。能源战略主要以继续稳定国际油价、推动出口多元化并逐步实现国内能源和产品种类多元化为重心。最后是 21 世纪初至今的核电及新能源发展阶段。该阶段中东继续执行多元化战略，加大新能源投入及国际合作，并出台相关法律法规。

近半个世纪以来，中东因其巨大的油气资源储量和产量，始终影响着国际局势。然而，随着化石能源的大量消耗，中东各国开始关注核电、风能、太阳能等新能源。在伊朗核计划及中东不少国家电力供应不足等因素的推动下，出于发展本国经济的考虑，中东各国对发展核电的兴趣日渐增长。从 2003 年开始，中东各国相继提出核电发展计划。同时，丰富的太阳能及风能资源逐步被列入各国能源战略。近年来，在油价波动及可再生能源侵占市场份额的双重压力下，以油气出口为主要收入来源的中东国家正面临着巨大挑战，中东国家的能源转型似乎被迫提上了日程，并且鲜明地体现出以下特点。

第一，负重前行，大力推动石油和天然气增产。近年来，在西方石油巨头都在缩减油气产量、谋划转换新能源赛道之际，中东国家却反其道而行之，摆出了一副"百米冲刺"的架势，大规模扩张油气产能。在外人看来，推动油气增产与能源转型似乎是背道而驰的，但在大多数中东国家看来，迅速增加油气产量才是当下最符合供需逻辑的选择。

一方面，如果石油时代真的终结了，"黑色金子"也就变成了"黑色疙瘩"，那么在此之前各国都需要将油气储量变现。中东地区的大规模增加产能，可能导致全球石油需求低于供给的情况发生，价格势必下降。如此一来，高成本的生产商无疑会被率先挤出局，但是中东产油国可以凭借价格优势幸存下来。

另一方面，新能源开发的代价是巨大的，只有从油气出口中持续获得可观收入，才能为能源转型提供必要的资金。因此，中东各国已经开始投入巨资来增油扩气。其中，沙特阿拉伯2021年4月宣布，计划在未来两年内，将石油产量从日产1200万桶增加到1300万桶；阿联酋提出在2021—2025年，将产量从每日的400万桶增加到500万桶；伊拉克新任石油部长伊赫桑宣布，预计到2027年将石油产能提升到每日800万桶；卡塔尔在2017年重启北方气田开发的基础上，制订了北方气田扩产计划，计划将液化天然气产能提升至1.26亿吨，到2027年液化天然气出口量要达到全部产量的50%以上；科威特计划支出逾五千亿美元提高油气产能，埃及也宣布了油气增产计划。从美国能源署2021年预测的数据来看，到2025年，中东天然气年产量将增加1200亿立方米；到2030年，以中东产油国为主体的OPEC的石油产量占全球市场份额将超过40%。

第二，趋利避害，转劣势为优势，以实现价值最大化。一是发挥油气资源的成本优势，将低碳减排转化为发展优势。在"双碳"背景下，低碳减排成为大势所趋，中东国家正在逐渐将低碳减排转换为竞争的第二优势。依靠资源与地理区域优势，通过集中部署CCUS，沙特阿拉伯、阿联酋等国家已将能源领域碳强度降至业内最低。其中，沙特阿拉伯称其每桶油当量仅需排放约10千克二氧化碳；阿联酋也宣布，到2030年，温室气体排放强度将降低25%，并将CCUS能力提升至原有水平的5倍；卡塔尔于2020年竞得全球首份含有碳足迹标准的液化天然气招标,并将在北方气田探索开展CCUS。同时,沙特阿拉伯与阿联酋正积极发展蓝氢和绿氢,并形成了一定的先发优势,这为中东国家在未来比拼油气碳足迹、碳强度,应对碳关税政策,以及与业内其他高成本油气生产国竞争,赢得了先机。二是发挥油气资源与资产优势,加大对油气下游项目的投资,大力发展下游的炼化等行业。在政府的大力支持下,中东国家正在大力培育实力雄厚、门类齐全的炼化产业,以实现油气产业价值链的提升。

第三,深化改革,加强政府对转型方向与节奏的把控。历来政府在中东国家的经济发展中都处于主导地位。能源是中东经济发展的核心,为进一步促进能源转型,各国政府普遍加强了对国家石油公司的掌控。其中,沙特阿拉伯以国家石油公司为载体,通过股权收购,将国际电力和水务公司变成了国有企业;伊拉克为加强对油气资源的集中管控,通过整合重组,以国有石油企业为基础,组建了单一石油公司;阿联酋为更好地贯彻国家能源战略,任命国家石油公司CEO兼任气候变化特使。此外,为扭转"油比水贵"的反常现象,中东国家在通过削减能源补贴来减轻财政压力的同时,提高了燃料与电力价格。总体来看,中东国家选择的是最大限度地发挥油气资源优势,而非走向新能源赛道的去碳道路。

第四,利益捆绑,加强与国际能源生产者与消费者之间的合作。从生产方面来看,2016年12月,以沙特阿拉伯为主的OPEC与俄罗斯、墨西哥等11个非OPEC产油国达成历史性协议,这不仅弥补了非OPEC成员国减产不足带来的损失,还有利于产油国集团的整体发展和长远利益。从消费方面来看,伊拉克、阿联酋等国以亚太地区客户为主要目标,通过向外企开放油气上游市场或投资客户国内产业等互惠方式，确保客户持续、大量购进本国的石油，利用合作伙伴的市场份额来锁定未来石油销售量。

相较于国际主流能源转型路径，虽然中东国家在能源转型上并未"随大流"，但是殊途同归的是，前景依然充满了不确定性。一是基于对全球石油需求的预测，在本国利益导向的经济驱动下，中东国家的能源转型可能走上以油气为主轴的道路。从长远来看，随着时代的发展，化石能源的占比将逐步降低，国际油气消费需求极有可能大幅下降。从 2020 年油价回暖及中东各国未曾叫停能源转型来看，中东各国的能源转型将负重前行，但不会停滞。二是中东国家在能源转型上可能出现两极分化的情况。沙特阿拉伯、阿联酋、卡塔尔等有改革意愿且经济实力强劲的国家，可能凭借既有资源优势，在未来的国际能源市场上"混"得风生水起。但另外一些常年受制于战乱、制裁，国内局势动荡的中东国家，则可能一步落后步步落后，从而在能源行业的转型发展上难有作为，只能将维持现状作为首要目标。

能源主要消费国：路在何方

欧盟：能源转型急先锋

欧盟是当今世界仅次于美国的能源消耗大户，其消费量占世界能源消费总量的 15% 左右，且呈现增长趋势。欧盟自产能源有限，北海油田萎缩更是导致日产原油从 2007 年的 700 万桶减少到了 2020 年的不足 400 万桶。

能源需求的持续增长和内部供应的日益短缺，使得欧盟能源对外依存度不断加大，截至 2020 年已达到 50%。欧盟能源署指出，这已然成为一个亟待解决的问题，若不采取适当措施，在未来 20 年内欧盟能源对外依存度有可能增长到 70%，甚至更高。

近年来，欧盟对能源消费的稳定需求量在每年 21 亿吨标准煤左右。《BP 世界能源统计年鉴》（2021 版）数据显示，2020 年欧盟化石能源消费占能源消费总量的近七成，约为 14 亿吨标准煤，其中石油消费占比超过了一半，天然气和煤炭消费分别占 34%与 15%左右。此外，欧盟统计局公布的数据显示，2020 年欧盟进口能源占能源消费总量的比重，也就是能源对外依存度，达到了 57.5%，而原油和天然气对外依存度更是达到了 96.2%和 83.6%。换言之，欧盟的天然气绝大部分是依靠进口的，而原油则几乎都是依靠进口的。

对于欧盟来说，能源安全受到两方面诉求的制约：一方面是供应量的稳定，另一方面是价格的稳定，而两者是相互关联的。当前，欧盟的能源需求在很大程度上依赖进口，稳定的能源来源对欧盟来说是一个战略问题，也是其能源安全面临的主要问题。

在欧盟油气进口问题上，俄罗斯与中东能源供应国都扮演着重要角色。能源供应关系并非单纯的经济关系，与国际政治格局息息相关。因此，在俄欧双方关系有可能受到欧盟东扩和北约东扩等政治和安全因素影响的情况下，欧盟必须处理好一体化进程中与俄罗斯关系的战略问题。此外，除了挪威和俄罗斯这两个大户，欧盟还有众多其他能源供应者。这种

第二章 世界能源变局与主要经济体能源动向

情况表明,欧盟不仅在依赖欧洲的能源,还在谋求能源来源的多元化。在这些供应者中,中东的能源供应国无疑占据着重要地位。可以说,中东局势的稳定对欧盟国家的能源安全来讲是至关重要的,现实利益也一直是欧盟国家关注中东问题的首要原因。

从能源运输方面来看,欧洲三面环海,靠近北非、中东和里海,能源运输便利。但是,这种运输便利的先决条件是,欧盟与能源供应国之间的关系不会受到国际局势的影响。虽然欧盟的能源安全形势还算正常,但压力和潜在的危机依然存在。

有鉴于此,欧盟试图通过积极参与全球气候治理来解决能源困局,以及争当能源清洁化改革的急先锋,就顺理成章了。除此之外,欧盟还采取了一系列应对措施。

在能源政策层面,欧盟主要通过统一内部市场、开发替代能源、强化管理措施等,对能源需求进行管理或干预。其中,有很多管理措施是强制性的,比如发展清洁能源、开发可再生能源、启动前沿性研究、制定能源安全标准等,都是政府强力干预下的市场行为。

在能源替代层面,欧盟考虑得较多,起步相对来说较早。在 20 世纪 70 年代石油危机后,大多数国家致力于开发本国能源,但在程度上有所不同。英国凭借平衡的能源结构与丰富的能源资源,形成以本国能源资源开发为基础的能源政策基本框架,而其他能源相对匮乏的国家则采取不同的政策来管理其有限的能源资源。比如,德国和西班牙为支持本国能源工业制订了"能源转型计划""国家能源和气候计划",并为此付出了巨大的努力和代价；法国、比利时等国家则重点发展核能；荷兰与丹麦则将天然气生产放在了能源政策的核心位置。水电一度是各国能源决策中的重要部分，但因后来各国对水电的投资逐年减少，水电的影响力逐渐减弱。

在发展清洁能源层面，欧盟强调开发自己的能源，主要是指多样化的能源。除了继续提倡安全使用核能、清洁使用煤资源，欧盟将发展包括风能、水能、太阳能和生物能在内的可再生能源作为能源政策的中心目标。可再生能源可以减少二氧化碳的排放量，增加能源供应的可持续性，改善能源供应的安全状况，减弱欧盟对进口能源日益增长的依存度。从中长期来看，可再生能源在经济上的竞争力可能不亚于化石能源，而法国、德国等国家在可再生能源的开发上已取得一定成果。

德国作为欧盟第一大经济体与制造业大国，同时是能源消费大国，德国的能源战略将在很大程度上决定着欧盟能源安全的局势。可以将德国能源战略总结为三个方面：确保能源来源的多样性，建立多元化的能源进口渠道以降低和分散风险，建立并完善石油战略储备和应急机制。

其实，自进入20世纪90年代以来，德国便围绕着"欧盟碳排放权交易"和《京都议定书》一直在讨论气候变化问题，承诺要削减本国温室气体排放量，并形成了未来摆脱化石能源和核能的公众思想。2010年9月，德国联邦经济和技术部在《能源战略2050——清洁、可靠和经济的能源系统》（以下简称《能源战略2050》）报告中，阐述了德国中长期能源发展思路，明确了到2050年实现能源转型的发展目标。《能源战略2050》明确提出了将发展可再生能源作为德国能源转型的主要内容，同时提出了要构建未来智能电网,并且该电网必须与可再生能源的规模化发展同步。

不得不说,《能源战略 2050》的提出对德国乃至全世界都有着划时代的意义。这份报告的问世象征着德国踏上了能源转型的道路,成为全球第一个决定从化石能源时代跨入可再生能源时代的国家。《能源战略 2050》明确给出德国在未来 40 年间进行能源转型的行动路径,为中长期的能源转型指明了方向,使德国成为引领时代的"弄潮儿"。

英国:贵族的花销

作为老牌资本主义国家,英国可以说是靠煤炭起家的。乘着第一次工业革命的东风,英国依靠煤炭资源的助力逐步创造了"日不落帝国"的神话。早在 1619 年,英国就完成了从柴薪向煤炭资源的转型,煤炭消费占能源消费的比重达到了近 50%。19 世纪初,英国因煤炭产量占全球总产量近 80%而成为煤炭消费大国,人均煤炭年消费量高达 4 吨。随着 20 世纪 50、60 年代中东石油的大量开采,石油逐渐取代煤炭成为各国的主要能源,英国的煤炭消费也于 1956 年达到了 1.6 亿吨标准煤的峰值。同时,伦敦烟雾事件的恶劣影响使得英国政府出台了《清洁空气法案》,采取了行政管制排放的方式引导能源的低碳清洁化转型,这进一步促使英国由煤炭时代迈向油气时代。19 世纪 70 年代,随着油气消费占能源消费的比重超过 50%,英国正式步入油气时代;20 世纪末,英国油气消费占能源消费的比重达到了近 75%,煤炭消费占能源消费的比重则从 1956 年的 80%下降到不足 20%。而 20 世纪 70 年代的两次石油危机更促使英国将能源安全列入能源政策的重点。作为清洁能源的"新秀",天然气与核能在英国得到了大力发展,而一次能源结构更趋多元化也使得英国在 1980—2005 年实现能源对外依存度趋近于零,并一度成为能源净出口国。

在此期间,为了确保英国的能源供应,保证英国更好地发展能源行业,撒切尔夫人对能源政策做出了很大调整,对能源行业开展了盛极一时的私有化改造。

一是推进国有企业的改造。为了改善市场运营,节省政府开支和降低税收负担,英国政府启动了国有企业私有化的重大计划。1979 年 10 月,英国政府出售了英国石油公司 19% 的股份,收入 2.9 亿英镑,这拉开了国有企业私有化的序幕。随后,英国石油公司成为一只待宰的羔羊。1982 年,英国政府颁布了《石油和天然气企业法》,取消了英国石油公司向油气生产商购买天然气的第一选择权,允许第三方进入天然气市场,并开放了英国天然气管道系统。该法还取消了英国石油公司在北海的垄断特权。英国政府成立了英国石油开发公司,用来接管英国石油公司的股份。1982 年英国政府再次出售了英国石油公司的一部分股份,并于 1985 年将剩余 4.49 亿英镑的股份全部出售。

二是推动煤炭工业的改造。1952 年,伦敦的烟雾事件让英国政府和人民切实感受到了煤炭对环境和人体造成的危害。在煤炭行业生产效率低下的情况下,为了确保煤炭生产商的利益,英国政府在 1974—1975 年,向煤炭行业发放了高达 1.4 亿英镑的煤炭行业补贴金。然而,该期间不景气的英国经济,实在无法负担这笔高昂的补贴,于是英国政府不得不痛下决心，开始了对煤炭行业的大改造。撒切尔夫人上台初期，虽然煤炭行业的产量已大不如从前，但"猛虎"的余威犹在，煤炭行业的地位依然举足轻重。1981年1月出现了全国矿工工会反对政府关闭煤矿的煤炭工人大罢工，于是能源部、全国矿工工会和国家煤炭局三方召开了会议，并且各自做出了妥协。本来政府打算关闭50~60个煤矿，结果只关闭了23个煤矿，以平息工人的"怒火"，这也为本就不被看好的全国矿工工会成为撒切尔夫人打压的重点对象埋下了伏笔。此后，英国政府便开始假借发展经济之名，将"屠刀"伸向了全国矿工工会。1980年、1982年和1984年，英国政府通过了两部《就业法》和《工会法》，采取了一系列限制、打击和削弱全国矿工工会的强硬举措。1984年，煤矿工人又一次大罢工之后，英国政府于1987年对煤炭行业进行彻底改造，将国家煤炭局改为英国煤炭公司，使之逐渐成为一家私有企业。

不仅如此，英国政府还颁布了《能源节约法》，以及成立了能源效率办公室，目的是更好地节约和使用英国的能源。在国外，为了保护英国能源安全，政府出面高价买回了英国石油公司在科威特的股份。20世纪80年代，科威特趁英国石油公司股票下跌的时候购买了相当多的股份，成为该公司最大的股东，到1988年已持有英国石油公司21.3%的股份。这给英国政府带来了强烈的不安感，为此英国政府强制科威特政府在一年内把持有的股份降到10%以下，这不仅可以保护英国海外石油的安全，还可以维护英国能源和经济的安全。

进入21世纪，英国对能源供应安全表现出强烈的关注，积极通过气候变化立法、能源市场改革及扶持低碳能源发展等多种手段引导能源低碳转型。英国对能源安全的考虑和战略安排主要体现在2003年2月24日英国贸工部发布的主题为"未来能源——创建低碳经济"的《能源白皮书》中。《能源白皮书》在分析英国能源面临的挑战时指出：本国的能源供应——石油、天然气、核能和煤炭产量将下降，从经济角度来看，可开发的深层煤炭很可能在10年内耗尽，到2020年英国基础能源总体需求的3/4将有赖于进口。

在碳中和逐渐成为时代主题的背景下，英国于2019年6月通过了《气候变化法案》的修订案，提出了能源技术研发创新的想法。

一方面大力发展清洁能源。一是发展海上风能。通过海上风力发电为每家每户供电，到2030年使风力发电量翻两番，达到40吉瓦，其中包括1吉瓦的创新型海上浮动风能。英国政府将通过不断扩大风力涡轮机尺寸使国家跻身制造业最前沿；投资1.6亿英镑用于现代化港口和制造业基础设施建设，在沿海地区实现高质量就业；通过差价合约中对供应链的严格要求，实现海上风电项目的60%由英国本土交付。二是发展氢能。英国政府将设立2.4亿英镑的净零氢能基金，并于2021年提出氢能相关业务模式和收入机制，以吸引私人投资。到2030年实现5吉瓦的低碳氢能产能，供给产业、交通、电力和住宅；在10年内建成首个完全由氢能供能的城镇。三是发展核能。为将核能发展成为清洁能源之一，建成大型核电站及先进的下一代小型核反应堆，英国政府将进一步投资下一代核技术，设立高达3.85亿英镑的先进核能基金，并保证对小型模块化反应堆的投资达到2.15亿英镑，同时激活私人配套基金3亿英镑；投入1.7亿英镑实施高级模块化反应堆研发计划,并计划于 2030 年构建演示系统,从而在全球竞争中脱颖而出。

另一方面加快碳减排领域技术创新运用。为推动碳捕集、利用与封存技术的应用,英国政府将投入 10 亿英镑在 4 个工业集群中进行碳捕集、利用与封存,在英国多地创建"超级区域",并鼓励私营部门对工业碳捕集和制氢项目进行投资。英国的发展目标是成为环境中有害气体捕集与封存技术的世界领导者,并计划到 2030 年实现每年清除 1000 万吨二氧化碳的目标。

此外,为保障本国能源安全,英国政府还采取了许多有力的措施:一是通过立法的形式加强了对能源低碳转型的基本保障;二是强调结合自身资源与产业特点,多路径、多元化制定能源政策,以实现与多种技术路线的结合;三是采用政策扶持辅以市场竞争的模式,加快新能源产业发展,力图降低转型成本;四是积极融入区域统一能源市场,推动低碳转型,加快多重能源战略目标的实现。

日本:岛国的焦虑

日本给人的印象是一个资源匮乏、人口众多的岛国,其国土面积比我国的云南省还要小,然而其在第二次世界大战后创造了世界经济发展的奇迹,一度成为世界第二大经济体,且不断突破能源和环境的种种束缚,实现了"能源安全、经济发展和环境保护"三者的协调共进。

《BP 世界能源统计年鉴》(2021 版)数据显示,2020 年日本一次能源消费总量约为6亿吨标准煤。对于全球第五大能源消费国日本，其能源消费中化石能源占比达到87%。然而与能源消费相比，日本的能源自产可谓杯水车薪，这种情况在很大程度上决定了其基本上靠进口来满足一次能源的国内需求，也造成能源对外依存度超过80%的局面。

20世纪50年代，日本在经济高速发展以前，能源进口率不到20%，到1970年已增至80%，1973年更是达到了88%，此后一直维持在80%以上。1970年，在日本的能源消费结构中，石油占比最大，达到了70%左右，煤炭约为21%，而天然气仅为1%，非化石能源占比约为8%。21世纪初，在日本的能源消费结构中，石油占比下降到了50%，煤炭占比为19%，天然气则从1%增加到了13%，非化石能源占比达到了18%。2020年，在日本的能源消费结构中，石油占比下降到了38%，煤炭占比则提高到了27%，天然气占比为22%，化石能源依然占据能源消费总量的大头，这也是日本的能源对外依存度居高不下的原因之一。

油气资源作为一种战略物资，在很大程度上影响着一个国家的能源战略。日本对石油的依赖度居高不下，而进口石油离不开中东这个轴心，对进口能源的高度依赖造成了日本经济的脆弱性，同样导致日本在多方面存在着潜在能源危机。但日本是为数不多能够达到国际储能标准的国家，这主要归功于日本高度重视本国能源安全问题。在历史发展的各个时期，日本都建立了较为完善的能源保障体系，相应地对能源战略做出了多次调整。第二次世界大战以后，日本能源战略主要经历了"供应—需求—危机—稳定"四个阶段，相对应的能源政策也经历了转变，从"煤主油从政策"

第二章 世界能源变局与主要经济体能源动向

到以石油为主的综合能源政策，再到多元化能源战略，最后到以"3E"（经济、环境、能源）协调为主的能源战略。这使其在应付能源危机和控制灾难的反应方面积累了充足的经验，奠定了保障国家能源安全的基础。其中，"3E"能源战略为日本战后经济的复苏提供了强大的助力，主要可以概括为降低石油依存度、扩大天然气使用范围、维持煤炭的利用、大力发展核能、推动新能源开发、官民共建能源储备体系等几个方面。

2005年，日本GDP达到了4.6亿日元，经济持续快速发展，但资源的紧缺和对外能源依存度的提高，对日本能源战略提出了更高的要求。日本作为世界经济大国和能源进口大国，必然要进行能源战略的调整，因此在2006年，日本颁布了《新国家能源战略》，旨在通过加强石油、天然气等化石能源与太阳能等可再生能源的互助开发，弥补日本能源对外依存度过高的缺陷，努力实现本国能源安全和世界能源关系之间的平衡。其可以概括为以下几方面。

第一，制订了四大能源计划，以逐步优化能源供需结构。一方面，大力推进节能技术更新，制定针对不同部门的节能量化标准，特别是通过制定基本的客车燃料消耗标准，改进主要生物燃料转化能源设施，推广使用电动车、燃料车等低耗油运输工具，并依托新技术开发低耗石油和对国外主要进口能源依存度较低的产品，力求到2030年实现单位GDP耗能指数达到70左右的水平，相较2003年下降30%，石油消耗量降至80%以下。另一方面，实施新能源创新计划。一是降低太阳能发电成本，争取到2030年太阳能发电成本与火电相近，并以当地生产、当地消费为原则，在不同地区大力开发风能、生物能等可再生能源，实现能源自给。二是在一般市场能源使用方面，改变交通工具或利用替代能源降低石油使用率，到2030年实现石油在一次能源供给中的比例降至40%以下。

第二，加强与亚洲其他国家在能源和相关领域的合作。一是通过鼓励新技术能源开发公司与亚洲其他国家的公司合作，逐步推广节能措施，建立能源节约系统，并加强同国际能源机构和组织的合作，支持能源核动力标准制定，促进能源开发与保护，不断降低亚洲能源消耗。二是加强与各国新型能源项目合作，推进各国人才互培计划，支持各国建立新能源技术的开发利用机制，鼓励本国节能环保企业的发展。三是推广煤炭清洁生产技术。通过人才培训、技术交流、科学实验及个别地区的示范效应，推广煤炭清洁生产和安全利用技术，促进煤炭的清洁利用。

第三，强化危机应急管理机制，不断健全能源战略储备体系。日本要研究更加符合现代能源供需结构的能源策略，增加国家石油制品储备，建立能源储备与石油节能、开发、替代等一体化的能源战略。首先，积极建立液化石油气（LPG）储备制度，完善能源储备体系，不断适应新时期能源战略需求。其次，加强天然气等其他能源的紧急应对机制。比如，实行天然气供应中断应对调查研究，促进居民基本生活以天然气为主的管道建设，改造旧有设备，提高天然气能源利用率。最后，提高危机应对管理能力。在紧急情况下，做好各种能源的横向协调，包括居民生活能源协调和各企业间能源危机互助。

第四，整合政府和民间力量，加大科技创新力度。日本认为，能源问

第二章 世界能源变局与主要经济体能源动向

题和环境问题的解决方法,最终都离不开科技的强化作用。故而,日本在新战略中提出,要大力推进节能技术、新能源开发技术、高效能源利用技术等方面的研究。为此,日本制定了从 2050 年到 2100 年的超长期能源发展规划,指出到 2030 年要完成超燃烧技术、超时空能源利用技术、未来民用和先进交通节能技术、未来节能装备技术等课题的研究和开发。此外,日本还积极研究促进能源开发的合理体制,支持本国及国际组织有关能源技术革新活动的开展,实施产学研相结合的能源技术开发策略。

第三章

中国能源困局和历史的转向

　　能源安全是关系国家经济社会发展的全局性、战略性问题,对国家繁荣发展、人民生活改善、社会长治久安至关重要。能源的重要性和能源资源的稀缺性决定了,谁掌握了能源,谁就可能掌握发展空间、掌握创造财富的重要源泉。当今世界,能源问题是各国国家安全的优先领域,很多国际政治、经济、外交、军事等方面的活动都是围绕能源在做文章,抓住能源就抓住了国家发展和安全战略的牛鼻子。

——习近平:《在中央财经领导小组第六次会议上的讲话》

（2014年6月13日）

中国能源现状

随着我国经济的快速发展，能源消费不断增加，但现有的能源消费结构严重制约了我国经济的高质量发展，能源消费问题正在逐渐演变为限制我国发展的难题。

消费

（1）中外主要经济体能源消费对比

从能源消费总量来看，2020年全球能源消费总量约为190亿吨标准煤：我国能源消费总量居全球首位，约为50亿吨标准煤，占比为26%；美国能源消费总量居全球第二位，约为30亿吨标准煤，占比为16%；欧盟能源消费总量居全球第三位，约为19亿吨标准煤，占比为10%。我国能源消费总量超过了美国与欧盟能源消费总量之和，是能源消费排名第四位到第八位经济体总量的约1.4倍，是美国的约1.7倍，是欧盟的约2.6倍（见图3-1）。

从能源消费结构来看，2020年全球化石能源消费总量约为158亿吨标准煤，占全球能源消费总量的83%；核能、水电、可再生能源等非化石能源消费总量约为32亿吨标准煤，占比为17%。

中国、美国和欧盟是化石能源消费排名前三的经济体。2020年，中国化石能源消费总量约为 42 亿吨标准煤，占全国能源消费总量的 84%，占全球化石能源消费总量的 27%；美国化石能源消费总量约为 24 亿吨标准煤，占该国能源消费总量的 80%，占全球化石能源消费总量的 15%；欧盟化石能源消费总量约为 14 亿吨标准煤，占其能源消费总量的 74%，占全球化石能源消费总量的 9%。

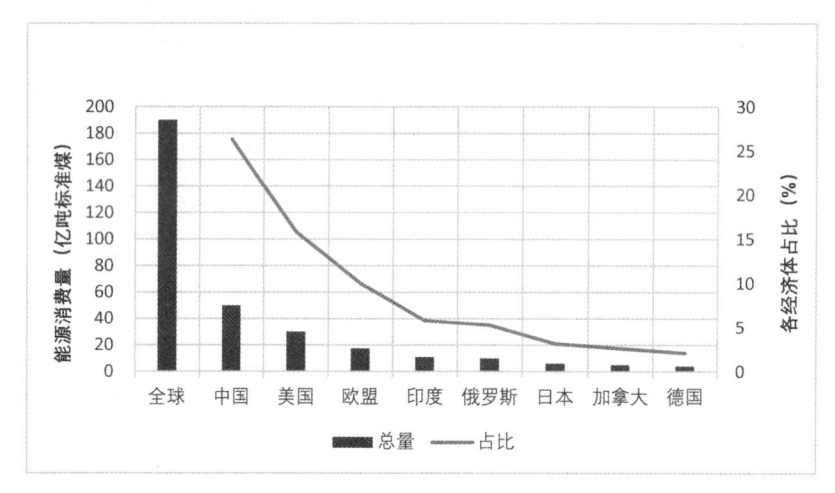

图 3-1　2020 年全球主要经济体能源消费总量
[数据来源：《BP 世界能源统计年鉴》（2021 版）]

在全球能源消费结构中，石油是第一大能源消费品。2020 年，全球石油消费量约为 59 亿吨标准煤，占全球能源消费总量的 31%；煤炭为第二大能源消费品，全球煤炭消费量约为 52 亿吨标准煤，占比为 27%；天然气为第三大能源消费品，全球天然气消费量约为 47 亿吨标准煤，占比为 25%，且近年来消费量逐渐增加，消费占比不断上升[①]。

我国化石能源消费总量巨大，2020 年分别是美国与欧盟的 1.75 倍与 3

---

① 作者根据第 70 版《BP 世界能源统计年鉴》数据进行整理计算得出。

第三章 中国能源困局和历史的转向

倍。我国是全球第一大煤炭消费国，第二大石油消费国，第三大天然气消费国。2015—2020年，我国每年煤炭消费量约为28亿吨标准煤，在能源消费总量中的占比为57%~63%，石油消费量的占比为18%~19%，天然气消费量的占比为6%~9%[①]（见图3-2）。

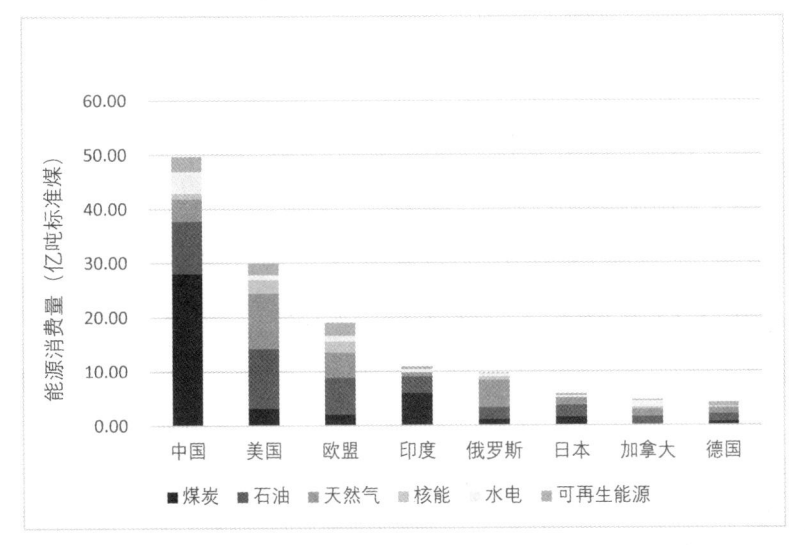

图3-2 2020年主要经济体能源消费结构

[数据来源：《BP世界能源统计年鉴》（2021版）]

从煤炭消费情况来看，2020年中国煤炭消费量约为28亿吨标准煤，占全国能源消费总量的56%；美国煤炭消费量约为3亿吨标准煤，占该国能源消费总量的10%；欧盟煤炭消费量约为2亿吨标准煤，占其能源消费总量的11%。2020年，我国煤炭消费量超过了全球煤炭消费总量的一半，占比达到了54%，分别是美国与欧盟的9倍多与约14倍，这就决定了我国"高耗"的能源消费结构。

---

① 参见国家统计局发布的相关文件。

> >> 迈向碳中和：能源转型中国方案

从石油消费情况来看，2020 年中国石油消费量与美国、欧盟相差不大，分别是美国与欧盟的约 0.9 倍与约 1.4 倍。其中，中国石油消费量约为 10 亿吨标准煤（约为 6.66 亿吨石油），占全国能源消费总量的 20%；美国石油消费量约为 11 亿吨标准煤，占该国能源消费总量的 37%；欧盟石油消费量约为 7 亿吨标准煤，占其能源消费总量的 37%。

从天然气消费情况来看，2020 年中国天然气消费量约为 4 亿吨标准煤，占全国能源消费总量的 8%；美国天然气消费量约为 10 亿吨标准煤，占该国能源消费总量的 33%；欧盟天然气消费量约为 5 亿吨标准煤，占其能源消费总量的 26%。2020 年，我国天然气消费量分别是美国与欧盟的 0.4 倍与 0.8 倍，且在能源消费总量中的占比与美国、欧盟存在着较大差距（见图 3-3）。

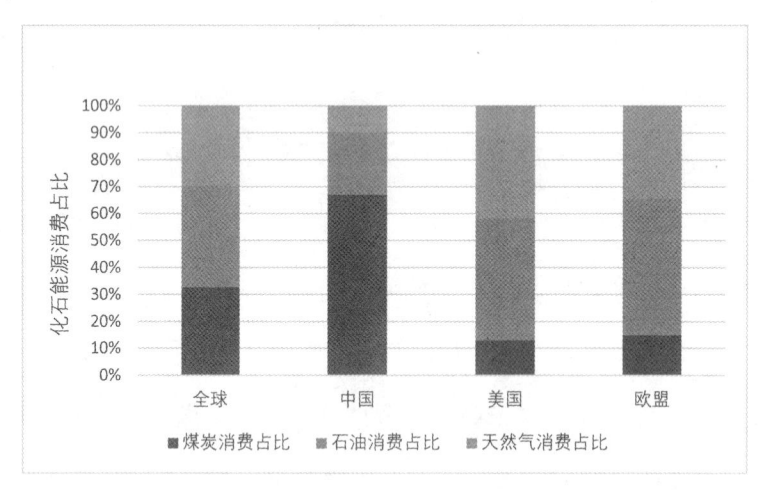

图 3-3 2020 年全球主要经济体化石能源消费情况

[数据来源：《BP 世界能源统计年鉴》（2021 版）]

与全球平均水平及美国、俄罗斯等国家能源消费结构相比，我国能源消费存在煤炭比重偏高，而油气及清洁能源比重偏低的结构性问题。虽然美国、欧盟的化石能源消费量在能源消费总量中的占比均在70%以上,但我国的能源消费结构呈现出"一煤独大,油气不足"的特点。相比全球"煤油气"的"三分天下"、美国与欧盟"煤少、油多、气足"的特点,我国是全世界唯一以煤炭为主的能源消费大国,煤、油等化石能源消费总量巨大,能源消费清洁化程度与全球平均水平及美国、欧盟等的水平存在较大差距,能源结构优化任务重、难度大。

在碳中和背景下,我国高度依赖煤炭等化石能源的消费结构,给我国经济发展带来了巨大隐患。随着世界主要油气产区地缘政治风险的上升,以及中美贸易摩擦的升级,中国能源安全面临的不确定因素日益增多。近几年来,我国能源消费总量呈现逐渐上升的态势,而美国、欧盟、印度、俄罗斯的能源消费总量则呈现出缓慢下降趋势,或者维持在稳定水平。我国碳达峰、碳中和目标的达成不仅时间紧,任务还十分艰巨。

(2)能源消费

进入21世纪,随着我国经济发展和城镇化步伐的加快,能源消费总量逐渐增长。2009年,我国超过美国成为世界第一大能源消费国。2020年,我国能源消费总量达到49.8亿吨标准煤,比1978年的5.71亿吨标准煤增长了7.72倍,比2000年的14.7亿吨标准煤增长了2.38倍[①]。在能源消费结构中,煤炭、石油、天然气、一次电力及其他能源的消费比为56.8∶18.9∶8.4∶15.9。2020年,煤炭消费量为40.43亿吨,其次是石油消费量的6.66

---

① 参见王庆一的《2020能源数据》。

亿吨，再次是一次电力及其他能源消费，而天然气消费占比不到10%。

我国能源消费总量很大，但人均水平较低。《BP世界能源统计年鉴》（2020版）数据显示，2019年我国的一次能源人均消费量约为98.8吉焦，略高于世界平均水平，约为美国的1/3、日本的7/10。随着经济的发展，我国能源消费还有较大的增长空间。与"十三五"时期相比，我国能源消费结构呈现出"煤见顶，油持平，天然气、电力持续上升"的特点。

近年来，我国的一次能源消费结构总体上朝着优质化方向发展，呈现出煤炭、石油总量增长放缓，天然气、一次电力及其他能源快速增长的态势。煤炭消费量占能源消费总量的比重持续下降，石油消费量基本持平，天然气、一次电力及其他能源消费量快速增长，能源消费实现了结构持续优化、质量不断提升、供给多元化的蜕变（见表3-1）。

表3-1　2011—2020年我国能源消费总量

时间	能源消费总量（亿吨标准煤）	煤炭总量（亿吨）	煤炭占比（%）	石油总量（亿吨）	石油占比（%）	天然气总量（亿立方米）	天然气占比（%）	一次电力总量（亿千瓦时）	其他能源（亿吨标准煤）	占比（%）
2011年	38.70	38.90	70.2	4.54	16.8	1341.1	4.6	8793.17	0.47	8.4
2012年	40.21	41.17	68.5	4.78	17.0	1497.0	4.8	10947.39	0.51	9.7
2013年	41.69	42.44	67.4	5.00	17.1	1705.4	5.3	11846.28	0.55	10.2
2014年	42.83	41.36	65.8	5.19	17.3	1870.6	5.6	13829.38	0.57	11.3
2015年	43.41	39.98	63.8	5.60	18.4	1931.8	5.8	15179.41	0.59	12.0
2016年	44.15	38.88	62.2	5.77	18.7	2078.1	6.1	16833.70	0.63	13.0
2017年	45.58	39.14	60.6	6.04	18.9	2393.7	6.9	18368.05	0.68	13.6
2018年	47.19	39.75	59.0	6.22	18.9	2817.1	7.6	20545.97	0.70	14.5

续表

时间	能源消费总量（亿吨标准煤）	煤炭 总量（亿吨）	煤炭 占比（%）	石油 总量（亿吨）	石油 占比（%）	天然气 总量（亿立方米）	天然气 占比（%）	一次电力总量（亿千瓦时）	其他能源（亿吨标准煤）	占比（%）
2019年	48.75	40.19	57.7	6.45	19.0	3059.7	8.0	22664.83	0.72	15.3
2020年	49.80	40.43	56.8	6.66	18.9	3280.0	8.4	24488.10	—	15.9

数据来源：国家统计局，《中国能源统计年鉴》（2021版），其中煤炭、石油、天然气为实物量。

（3）终端能源消费

近年来，我国终端能源消费量呈现较快增长趋势。2010—2019年，我国终端能源消费量从33.75亿吨标准煤增至47.62亿吨标准煤，年均增长率为3.90%[①]。在我国终端能源消费中，近年来优质能源消费需求的增长明显加快，消费比重逐步上升。煤炭在终端能源消费总量中所占比重持续下降，特别是在20世纪最后10年下降幅度较大。与此同时，由于交通运输业的快速发展及居民生活水平的提高，石油和电力消费量在终端能源消费总量中所占比重大幅上升。进入21世纪，煤炭消费比重小幅下降；国际油价的上涨对石油消费起到了一定的抑制作用，石油消费量所占比重有所下降；终端用电量依然保持着较快增速，消费所占比重接近20%。

在我国终端能源消费中，煤炭终端消费量总体呈现下降趋势，由2010年的11.48亿吨降至2019年的7.34亿吨。与此同时，由于交通运输业的快速发展及居民生活水平的提高，电力终端能源消费量大幅提升，由2010年的3.94万亿千瓦时升至2019年的7.15万亿千瓦时，年均增长率为6.86%。

---

① 参见国家统计局发布的相关文件。

石油终端能源消费量也有所提升，由 2010 年的 4.12 亿吨升至 2019 年的 6.10 亿吨，年均增长率为 4.45%[①]。

从各领域来看，我国能源消费以工业领域为主。2019 年，我国工业用能占比达到 66.16%，居民生活用能占比为 12.66%，交通运输用能占比为 9.01%，三个领域能源消费合计为 87.83%。工业终端消费量在我国终端能源消费总量中一直占有较大比重。2010—2019 年，我国工业终端消费量占终端能源消费总量的比重呈现下降趋势，由 2010 年的 70.72%降至 2019 年的 65.42%。终端煤炭消费量在工业终端消费量中的比重逐渐下降，从 2010 年到 2019 年，工业用煤量在终端煤炭消费量中的比重下降了 3.15 个百分点，降至 80.06%[②]。

产量

中华人民共和国成立以来，随着经济的持续发展和人民生活水平的日益提升，能源需求也呈现出迅速增长的态势。中国从能源工业"一穷二白"的国家逐渐发展成为世界能源生产第一大国，基本形成了煤炭、石油、天然气、可再生能源多轮驱动的能源生产体系。我国能源产业发展迅速，能源生产能力显著增强，这有力地支撑了经济社会的快速发展，也促成了历史的巨变。

从能源自给率来看，2020 年我国能源消费总量为 49.8 亿吨标准煤，而产量为 40.8 亿吨标准煤，能源自给率为 81.93%。也就是说，我国能源

[①] 参见国家统计局发布的相关文件。
[②] 作者根据国家统计局数据计算的结果。

第三章　中国能源困局和历史的转向

实现自给自足还有近20%、约9亿吨标准煤的缺口。9亿吨标准煤可不是一个小数目，大约相当于美国能源消费总量的1/3、欧盟的1/2。要知道，美国能源自给率将近100%，俄罗斯更是高达200%。

但是从发展历程来看，我国已经取得了明显的突破。1949年，我国能源生产总量仅为0.24亿吨标准煤，到1978年，我国能源生产总量达到了6.3亿吨标准煤，而2020年能源生产总量更是达到了40.8亿吨标准煤，比1949年和1978年分别增长了约169倍和5.5倍。各品类能源供应量持续增加，2020年我国原煤产量为38.4亿吨，原油产量为1.95亿吨，天然气产量为1925亿立方米，发电量为77790.6亿千瓦时。煤炭、石油、天然气、一次电力及其他能源之比为67.6∶6.8∶6∶19.6（见表3-2）。

表3-2　2011—2020年我国化石能源产量

时间	总产量（亿吨标准煤）	煤炭 总量（亿吨）	煤炭 占比（%）	石油 总量（亿吨）	石油 占比（%）	天然气 总量（亿立方米）	天然气 占比（%）	一次电力及其他能源 发电量（亿千瓦时）	一次电力及其他能源 占比（%）
2011年	34.02	37.64	77.8	2.03	8.5	1053.40	4.1	47130.19	9.6
2012年	35.10	39.45	76.2	2.07	8.5	1106.10	4.1	49875.53	11.2
2013年	35.88	39.74	75.4	2.10	8.4	1208.60	4.4	54316.35	11.8
2014年	36.22	38.74	73.5	2.11	8.3	1301.60	4.7	57944.57	13.5
2015年	36.22	37.47	72.2	2.15	8.5	1346.10	4.8	58145.73	14.5
2016年	34.60	34.11	69.8	2.00	8.3	1368.70	5.2	61331.60	16.7
2017年	35.89	35.24	69.6	1.92	7.6	1480.40	5.4	66044.47	17.4
2018年	37.89	36.98	69.6	1.89	7.2	1601.60	5.4	71661.33	18.2
2019年	39.73	38.46	68.5	1.91	6.9	1761.70	5.6	75034.28	19.0
2020年	40.80	38.40	67.6	1.95	6.8	1924.95	6.0	77790.60	19.6

数据来源：国家统计局。

首先,关于煤炭生产。

我国是世界第一煤炭生产国。国家统计局发布的数据显示,2020年中国原煤产量为38.4亿吨,约是1949年原煤产量的122倍。《BP世界能源统计年鉴》(2021版)数据显示,2020年中国煤炭产量占全球总产量的50.7%,紧随之后的产煤大国是印度尼西亚、印度和澳大利亚,煤炭产量分别占全球总产量的8.7%、7.9%和7.8%(见图3-4)。

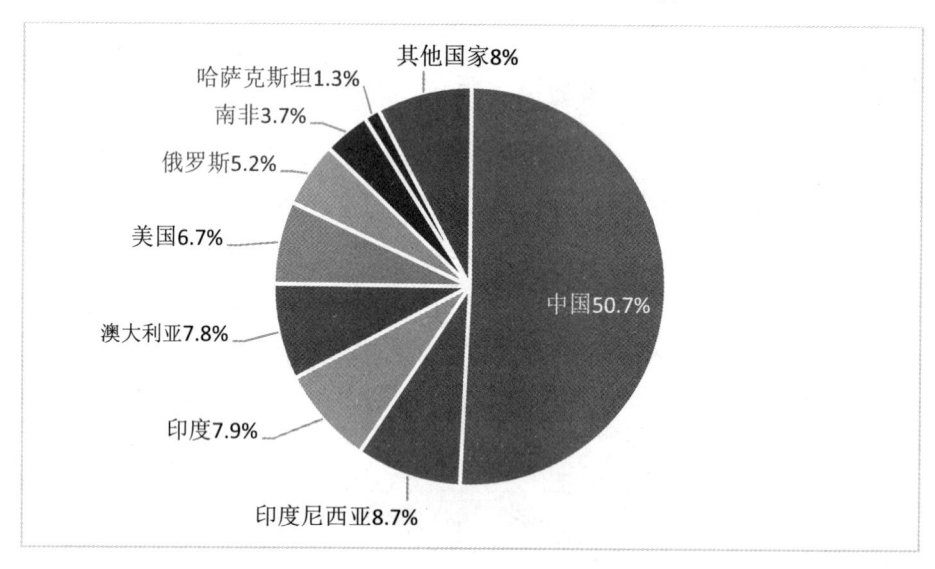

图3-4 2020年全球煤炭产量占比情况

囿于资源因素,我国煤炭产区集中度不断提升,煤炭产量进一步向主产省(自治区、直辖市)集中。2019年,全国有8个省(自治区、直辖市)的原煤产量超过1亿吨。其中,内蒙古原煤产量为10.35亿吨,山西为9.71亿吨,陕西为6.34亿吨,新疆为2.37亿吨。内蒙古、山西、陕西、新疆4个省(自治区、直辖市)的原煤产量合计占全国总产量的74.8%。

其次,关于石油生产。

近年来，我国石油产量总体呈现下降趋势。2019年，我国石油产量为19101.4万吨，较2015年下降了11.16%。我国原油生产量在一次能源生产总量中所占的比重由2015年的8.5%降至2019年的6.9%。

2019年全国有19个省市开采原油，其他省市均无开采原油的情况。陕西是我国原油产量最多的省份，2019年其原油产量达到3543.23万吨，占全国原油产量的18.55%。陕西的原油主要分布在榆林、延安、铜川等市，地处大名鼎鼎的"聚宝盆"——鄂尔多斯盆地，这里不仅油气资源丰富，还蕴藏着海量的煤层气，为陕西成为油气大省奠定了坚实的基础。

天津、黑龙江的原油产量位列第二、第三，分别为3111.89万吨、3110.02万吨。陕西、天津、黑龙江3个省市是我国原油的主要产地，产量加起来占全国总产量的51.12%。另外，新疆、山东、广东、辽宁4个省（自治区、直辖市）的原油产量均超过了1000万吨，分别为2752.08万吨、2237.8万吨、1475.07万吨、1053.26万吨，合计占全国总产量的39.36%。

再次，关于天然气生产。

当下，我国天然气生产正步入快速发展阶段。2015—2020年，我国天然气产量增长连续4年超过百亿立方米，5年增幅达43%，年均增长7.4%。

2020年，我国天然气产量为1924.95亿立方米，同比增长9.3%。其中，煤层气产量为67亿立方米，页岩气产量超过200亿立方米，煤制天然气产量为47亿立方米。我国天然气产量增速连续两年高于消费增速，成为能源供应安全的重要保障。

我国天然气的主产区是新疆、四川、陕西，2020年这三个主产区的天然气产量分别为369.83亿立方米、463.34亿立方米、527.38亿立方米，占全国总产量的70.68%。其中，天然气产量大于50亿立方米的盆地有鄂尔多斯、四川、塔里木、珠江口、柴达木和松辽盆地。另外，广东、山西、重庆、青海的天然气产量超过了50亿立方米，分别为131.59亿立方米、85.93亿立方米、79.96亿立方米、64.01亿立方米，合计占全国总产量的18.78%。

最后，关于电力生产。

随着国内电力刚性需求增长，近年来我国电力生产供应能力稳步提升，供需总体平衡，结构进一步优化。国家统计局发布数据显示，2020年全国主要电力发电量为7.78[①]万亿千瓦时（不含生物质发电，据中电联全口径统计，生物质发电量约为0.13万亿千瓦时），同比增长3.67%。其中，火力发电量为5.33万亿千瓦时，占比为68.52%；水力发电量为1.36万亿千瓦时，占比为17.42%；核电发电量为0.37亿千瓦时，占比为4.71%；风力、太阳能发电量分别为0.47万亿千瓦时、0.26万亿千瓦时，占比分别为6.00%、3.42%（见图3-5、表3-3）。

目前，我国的电力生产呈现出"火电为主、水电为辅，清洁电力快速增长"的特征。

近年来，火力发电量占全国发电量的比重呈现逐年下降趋势，从2011年的81.34%降至2020年的68.52%。水力发电量基本保持平稳，发电量占

---

① 本书正文中部分数据因四舍五入的原因，存在与图表数据不等的情况。

比维持在17%~17.5%的水平。清洁电力生产取得显著进步，截至2020年，我国的可再生能源发电总量达到2.2万亿千瓦时，占全社会用电量的比重达到29.5%，较2012年增长了9.5个百分点。全国全口径非化石能源发电量为2.58万亿千瓦时，同比增长7.9%，占全国全口径发电量的比重为33.9%，同比提高了1.2个百分点，电力供应能力持续增强。

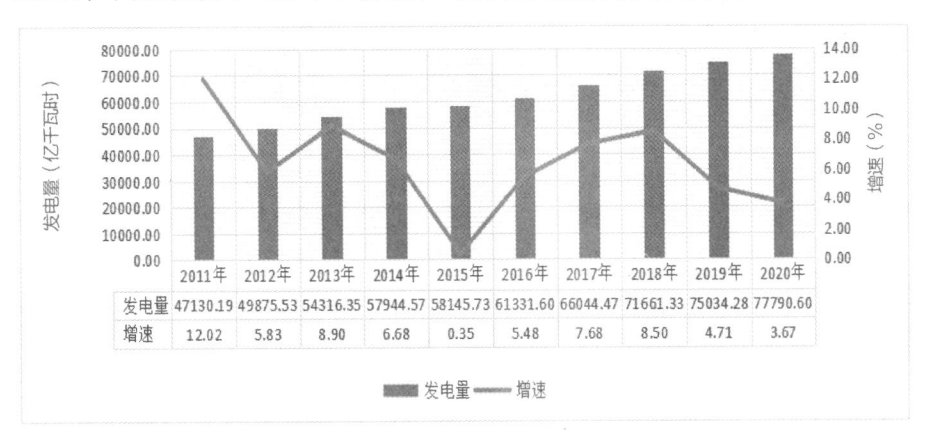

图3-5　2011—2020年中国发电量及增速情况

（数据来源：国家统计局）

表3-3　2011—2020年全国主要电力发电量　　　　单位：亿千瓦时

时间	火电	水电	核电	风电	太阳能发电
2011年	38337.0	6989.4	863.5	703.3	6.0
2012年	38928.1	8721.1	973.9	959.8	36.0
2013年	42470.1	9202.9	1116.1	1412.0	84.0
2014年	44001.1	10728.8	1325.4	1599.8	235.0
2015年	42841.9	11302.7	1707.9	1857.7	395.0
2016年	44370.7	11840.5	2132.9	2370.7	665.0
2017年	47546.0	11978.7	2480.7	2972.3	1178.0
2018年	50963.2	12317.9	2943.6	3659.7	1769.0
2019年	52201.5	13044.4	3483.5	4057.0	2240.0
2020年	53302.5	13552.1	3662.5	4665.0	2611.0

数据来源：国家统计局。

储量

自然资源部公布的2020年全国矿产资源储量统计表显示，我国的能源矿产主要为煤炭、石油和天然气，三者储量分别为1623亿吨、36.2亿吨和62666亿立方米（见表3-4）。按照2020年煤炭、石油和天然气的储产比，即剩余可采储量与当年产量之比，分别为42.3年、18.56年和32.6年。换句话说，在没有新增探明储量的情况下，如果我国今后的能源产量维持2020年的产量，煤炭、石油和天然气将分别于2063年、2039年和2053年消耗殆尽。因此，从这个层面来看，我国解决能源可持续发展问题已经是燃眉之急。

表3-4 2020年全国矿产资源储量统计表

地区	煤炭（亿吨）	石油（亿吨）	天然气（亿立方米）	页岩气（亿立方米）	煤层气（亿立方米）	石煤矿石（亿吨）	天然沥青矿石（亿吨）	油页岩矿石（亿吨）	油砂矿石（万吨）
全国	1622.88	36.189	62665.78	4026.17	3315.54	10.41	10.88	20.25	15003.11
北京	0.97	—	—	—	—	—	—	—	—
天津	—	0.400	293.09	—	—	—	—	—	—
河北	26.05	2.554	372.26	—	—	—	—	0.16	—
山西	507.25	—	1402.04	—	2935.67	—	—	—	—
内蒙古	194.47	0.668	10123.53	—	—	—	—	—	—
辽宁	12.57	1.437	164.53	—	25.47	0.01	—	10.87	—
吉林	7.03	1.690	767.11	—	—	—	—	3.47	13322.14
黑龙江	25.81	3.629	1494.64	—	—	—	—	—	—
上海	—	—	—	—	—	—	—	—	—
江苏	3.74	0.195	21.39	—	—	—	—	—	—
浙江	0.15	—	—	—	—	3.87	—	—	—

续表

地区	煤炭（亿吨）	石油（亿吨）	天然气（亿立方米）	页岩气（亿立方米）	煤层气（亿立方米）	石煤矿石（亿吨）	天然沥青矿石（亿吨）	油页岩矿石（亿吨）	油砂矿石（万吨）
安徽	58.27	0.014	0.24	—	15.74	0.24	—	—	—
福建	2.50	—	—	—	—	—	—	—	—
江西	2.10	—	—	—	—	0.23	—	—	—
山东	41.32	2.549	343.52	—	—	—	—	0.74	—
河南	33.65	0.302	62.82	—	—	—	—	—	—
湖北	0.10	0.106	44.59	—	—	0.05	—	—	—
湖南	4.86	—	—	—	—	6.00	—	—	—
广东	0.01	0.001	0.97	—	—	—	—	—	—
广西	0.88	0.015	1.38	—	—	—	—	—	—
海南	—	0.045	21.47	—	—	—	—	—	—
重庆	1.87	0.023	2500.73	1498.65	—	—	—	—	—
四川	26.66	0.056	15274.98	2527.52	40.64	—	—	—	—
贵州	91.35	—	6.10	—	32.04	—	—	—	—
云南	44.54	0.001	0.47	—	—	—	—	—	—
西藏	0.11	—	—	—	—	—	—	—	—
陕西	293.90	3.681	11096.45	—	265.98	0.01	—	1.33	—
甘肃	15.31	3.956	588.00	—	—	—	—	—	—
青海	2.26	0.825	1055.32	—	—	—	—	—	—
宁夏	35.01	0.467	280.67	—	—	—	—	—	—
新疆	190.14	6.259	11237.85	—	—	—	10.88	3.68	1680.97

数据来源：自然资源部。

注：表中未包括香港特别行政区、澳门特别行政区和台湾省的统计数据。所统计的储量为保有储量，储量是指探明资源量和控制资源量中可经济采出的部分（其中油气矿产储量是指剩余探明技术可采储量）。

首先，关于煤炭储量。

煤炭是地球上蕴藏量最丰富、分布最广泛的化石能源，也是我国最主要的能源形式。

2020年，我国的煤炭储量为1622.88亿吨。从各省（自治区、直辖市）探明储量情况来看，超过100亿吨的有山西、陕西、内蒙古、新疆，合计占全国总储量的73.07%；储量在50亿~100亿吨的仅有安徽、贵州两省，合计占全国总储量的9.22%；储量在5亿~50亿吨的有云南、山东、宁夏、河南、四川、河北、黑龙江、甘肃、辽宁、吉林，合计占全国总储量的16.51%；其余15个省（自治区、直辖市）的煤炭储量均在5亿吨以下，合计仅占全国总储量的1.20%。

其次，关于石油储量。

2020年，我国探明的石油储量为36.19亿吨。

我国的石油储量可以分为海上石油储量和陆地石油储量两部分。其中，从各省（自治区、直辖市）探明储量情况来看，陆地石油储量超过1亿吨的有新疆、甘肃、陕西、黑龙江、河北、山东、吉林、辽宁，合计占全国总储量的71.17%；储量在0.5亿~1亿吨的仅有青海、内蒙古，合计占全国总储量的4.13%；其余21个省（自治区、直辖市）的石油储量均在0.5亿吨以下，合计占全国总储量的4.49%。

《BP世界能源统计年鉴》（2021版）数据显示，2020年中国石油探明储量在世界排名第13位，储产比为18.56年，远低于世界平均水平（53.70年）。近年来，我国油田开采条件更趋恶化，新增储量的80%来自低渗透和超低渗透的难采油藏。因此，我国原油开采成本很高，平均为40美元/桶，而中东地区尤其是沙特阿拉伯等国家的原油开采成本不超过10美元/桶。

再次，关于天然气储量。

截至 2020 年，我国天然气探明储量为 6.27 万亿立方米。

从各省（自治区、直辖市）探明储量情况来看，超过 10000 亿立方米的有四川、新疆、陕西、内蒙古，合计占全国总储量的 76.17%；储量在 1000 亿～10000 亿立方米的有重庆、黑龙江、山西、青海，合计占全国总储量的 10.30%；储量在 100 亿～1000 亿立方米的有吉林、甘肃、河北、山东、天津、宁夏、辽宁，合计占全国总储量的 4.48%；其余 16 个省（自治区、直辖市）的天然气储量均在 100 亿立方米以下，合计仅占全国总储量的 0.25%。

近年来，我国天然气勘探取得重大进展。靖边、苏里格、安岳、延安、川西、米脂、东胜、渤中 19-6 等气田新增探明储量超过千亿立方米，新增博孜-大北、川南两个储量超过万亿立方米的大气区。

最后，关于可再生能源。

可再生能源潜力巨大，世界各国均对其寄予厚望。

截至 2020 年年底，我国全口径火电装机容量约为 12.5 亿千瓦、水电装机容量约为 3.7 亿千瓦、核电装机容量约为 0.5 亿千瓦、并网风电装机容量约为 2.8 亿千瓦、并网太阳能发电装机容量约为 2.5 亿千瓦、生物质发电装机容量约为 0.3 亿千瓦。我国全口径非化石能源发电装机容量合计约为 9.8 亿千瓦，占总发电装机容量的比重为 44.8%，比上年提高了 2.8 个百分点。煤电装机容量约为 10.8 亿千瓦，占比为 49.1%，首次降至 50% 以下。

2020年，火电装机容量同比增长4.7%，增速较上年提升0.7个百分点；风电装机容量同比增长34.6%，增速较上年提升21个百分点；太阳能发电装机容量以24.1%的速度增长，增速较上年提升7个百分点；核电增速下降6.7个百分点；水电装机容量低速缓增，同比增长3.4%（见表3-5）。

表3-5 2011—2020年中国主要电力装机容量　　单位：万千瓦

时间	火电	水电	核电	风电	太阳能发电
2011年	76834	23298	1257	4623	212
2012年	81968	24947	1257	6142	341
2013年	87009	28044	1466	7652	1589
2014年	93232	30486	2008	9657	2486
2015年	100554	31954	2717	13075	4318
2016年	106094	33207	3364	14747	7631
2017年	111009	34411	3582	16400	13042
2018年	114408	35259	4466	18427	17433
2019年	118957	35804	4874	20915	20418
2020年	124517	37016	4989	28153	25343

数据来源：国家统计局。

中国能源需求预计

中国经济将持续增长

改革开放以来，我国迎来了巨大的变化，在经济方面实现了持续的快速增长。GDP从1978年的0.37万亿元增长到2020年的101.60万亿元，增长了273.6倍，我国成为世界第二大经济体，经济总量仅次于美国。

但是，目前我国人均GDP仅为发达国家的1/6~1/3，而我国又要在2035年前后基本实现社会主义现代化，在20世纪中叶实现建成具有中等发达国家水平的富强、民主、文明、和谐、美丽的社会主义现代化强国的目标。因此，在未来一段时期，我国经济仍要保持一定速度的平稳增长，新型工业化、信息化、城镇化、农业现代化程度仍要提高。

这就意味着，我国现代化经济体系要持续完善、消费结构要加快升级、社会结构要实现转型、社会主义市场经济体系要不断完善、城乡二元化结构要向城乡一体化格局转变，这些变化趋势在未来二三十年会持续存在。

从国际环境来看，我国面临着错综复杂的国际形势。世界经济增速有所放缓，贸易保护主义抬头，逆全球化趋势突显，中美贸易摩擦不断，新冠肺炎疫情防控常态化，当前的政治经济秩序和世界各国经济发展态势正在发生深刻变化。但不可否认的是，世界多极化、经济全球化仍在深入发展，和平和发展仍是当今世界的主题，我国发展的重大战略机遇仍然存在。

从国内环境来看，我国虽然面临着经济可持续增长压力大、发展不平衡不协调、产业结构欠合理、科技创新能力不强、城乡发展不协调、投资消费失衡、资源环境约束增强、收入分配差距仍然较大等不利于经济发展的因素，但国内产业链齐全、基础设施持续完善、市场潜力巨大、资金供应充足、劳动力素质提高、新型举国体制优越性突显等良好的国内经济社会环境因素，可确保我国经济可持续增长空间。

根据国内外研究机构对我国未来经济发展的预测（见表3-6），到2025年，我国GDP大概能突破120万亿元人民币（约20万亿美元），相当于美国2020年的经济总量（20.9万亿美元），届时人均GDP有望迈过高收入国家的门槛，我国也将就此进入高收入国家的行列，而到2030年前后，我国的经济体量有望位居全球第一。

表3-6 国内外研究机构对我国未来经济发展的预测

		2021—2025年	2026—2030年	2031—2035年	2036—2040年	2041—2045年	2046—2050年
清华大学	时间	2021—2025年	2026—2030年	2031—2035年	2036—2040年	2041—2045年	2046—2050年
	GDP增幅（%）	5.54	4.84	3.96	3.31	3.33	2.9
中国工程院	时间	2020—2030年		2030—2040年		2040—2050年	
	GDP增幅（%）	7.1		5.0		3.6	
IEA（2010）	时间	2020—2035年					
	GDP增幅（%）	3.9					

数据来源：IEA、《世界能源展望2010》。

按照党的十九届五中全会战略部署，中国将在2035年基本实现社会主义现代化，人均GDP达到中等发达国家水平，即人均GDP相当于最发达国家人均GDP的50%左右。2020年，在全球人均GDP最高的前10个国家中，排名第一的是卢森堡，人均GDP是11万美元，排名第五的美国的人均GDP是6.3万美元，排名第十的澳大利亚的人均GDP是5.2万美元。

预计，2035年中国的人均GDP将达到2.5万~3万美元，届时中国的GDP将达到220万亿~270万亿元，国民生产总值和人均GDP均为当下对应经济指标数值的2.2~2.7倍。根据"十四五"规划，我国在2035年实现经济总量或人均收入翻一番是大概率事件。

能源消费将持续刚性增长

在未来一段时期，我国经济将保持一定的增速，对能源和碳排放的需求仍处于上升阶段。

经济发展经验表明，当一个国家处于工业化前期和中期时，由于耗能多的重工业迅速发展，加之能源利用技术比较落后，因而能源消费的增长速度往往快于国民经济的增长速度，即能源消费弹性系数（能源消费量年平均增长速度与国民经济年平均增长速度的比值）一般大于1。到了工业化后期或后工业化阶段，由于产业结构的调整及能源利用效能的提升，能源消费会进入一个低增长期，即能源消费弹性系数一般小于1。当然，当一个国家或地区人均GDP达到一定水平后，居民的"衣食住用行"等方面的能源消费将处于上升阶段，人均生活用能会显著增加。

但是，所需能源和矿产资源不会随着经济的发展和人类生活水平的提高而无限增长。当工业化发展到一定阶段时，随着生产力和能源利用效能的持续提升、基础设施的不断完善、城镇化水平的日益提升，重要大宗矿产资源及其制品的消费将会进入一个相对饱和的状态，重要大宗矿产资源消费增速将放缓，零增长甚至负增长的情况也会出现。以高能耗、高物耗为特征的传统工业将逐渐被低能耗、低物耗的高端制造业所替代，供需关系开始发生变化，产业结构开始调整，以绿色、低碳为标志的后工业化经济将主导产业发展。

我国当下正处于工业化和城镇化中后期。近年来，伴随着工业化的深入推进和城镇化的深度发展，我国基础设施建设水平不断提升，城市化率持续提高，百姓住房条件持续改善，社会财富快速积累，我国重要大宗矿产资源消费增速已经放缓。

未来，我国的经济仍会保持一定速度的增长，高耗能产品在工业产品中占据较大比重的情况仍会维持一段时间。作为世界人口大国，我国城镇化建设需要大量高耗能产品，且产品供应主要依靠国内自产自足。同时，随着经济的发展，我国人民的生活水平将持续提高，预计我国能源需求在未来一段时期仍会保持一定速度的刚性增长。

近年来，国内外研究机构给出了我国未来能源需求的预测（见表3-7）。

表3-7　国内外研究机构对我国未来能源需求的预测　　单位：亿吨标准煤

中国工程院	时间	2030年	2035年	2050年
	需求量	45.5~49.5	49.3	51.9~57.9
国家发展和改革委员会能源研究所	时间	2030年	2035年	2050年
	需求量	—	46.0~58.5	50.2~66.9
IEA	时间	2030年	2035年	2050年
	需求量	51	53.4	—
中金公司	时间	2025年	2035年	2060年
	需求量	57.6	63.6	67.3

通过历史数据来看，2011—2020年我国能源消费弹性系数基本在0.1~1，近10年的能源消费弹性系数均值为0.50；电力消费弹性系数则在0.7~1.4，近10年的电力消费弹性系数均值为0.94（见表3-8）。

表 3-8　2011—2020 年我国能源及电力消费弹性系数

时间	能源消费弹性系数	电力消费弹性系数
2011 年	0.76	1.26
2012 年	0.49	0.75
2013 年	0.47	1.14
2014 年	0.36	0.91
2015 年	0.19	0.04
2016 年	0.25	0.81
2017 年	0.46	1.12
2018 年	0.52	1.27
2019 年	0.55	0.78
2020 年	0.96	1.35
均值	0.50	0.94

数据来源：国家统计局。

因此，我们可以得出一个简单又具有指导意义的结论：未来我国的能源消费总量增速约为经济增速的 50%，而电力消费总量增速则与经济增速相当。

预计，2030 年我国一次能源需求为 60 亿~65 亿吨标准煤，2060 年的需求为 70 亿~80 亿吨标准煤。

需要注意的是，面对各种不确定性及复杂的社会进步情况，预测未来是很困难的一件事情。为了留下充足的空间，以实现保障能源安全、能源独立的目标，我们对未来的能源需求预估值较国内外相关研究机构高。

因此，可以将我们估算的最高阈值作为发展目标值，即 2030 年和 2060 年一次能源需求总量分别按 65 亿吨标准煤、80 亿吨标准煤进行战略谋划，以保证实现能源独立。

根据2021年9月出台的《中共中央 国务院关于完整准确全面贯彻新发展理念做好碳达峰碳中和工作的意见》，2030年、2060年我国的非化石能源消费比重分别要达到25%左右、80%以上。因此，我们很容易得出，2030年、2060年化石能源的消费总量分别为48.75亿吨标准煤左右和16亿吨标准煤以下。

近年来，我国一次能源消费结构呈现出煤炭和石油总量增长放缓、产量见顶，天然气及其他一次能源快速增长的态势，因此我们可以预测2030年和2060年的能源需求及结构（见表3-9）。

表3-9　2030年和2060年我国能源需求及结构预测

类别	2030年 能源需求（亿吨标准煤）	占比（%）	2060年 能源需求（亿吨标准煤）	占比（%）
煤炭	24.70	38	4.00	5
石油	7.80	12	4.00	5
天然气	16.25	25	8.00	10
非化石能源	16.25	25	64.00	80
合计	65.00	100	80.00	100

国际四大能源机构（BP、IEA、EIA、IEEJ）预测，2035年世界一次能源消费总量为250亿~280亿吨标准煤（见表3-10），这就意味着到2035年，我国的能源消费总量可能将占全球能源消费总量的1/5~1/3。

如果按2030年和2060年我国一次能源消费需求分别为65亿吨标准煤和80亿吨标准煤计算，届时我国的能源消费总量将比2020年分别增长

30%和60%左右,即2030和2060年的能源供应量要在2020年的基础上分别增加15亿吨标准煤和30亿吨标准煤。

表3-10 四大能源机构对世界一次能源需求的预测

能源机构	2035年一次能源消费总量（亿吨标准煤）
英国石油公司（BP）	249
国际能源署（IEA）	267
美国能源信息署（EIA）	280
日本能源经济研究所（IEEJ）	250

中国能源发展面临的六大挑战

近年来，中国的经济发展和能源事业都取得了举世瞩目的成就，正在由先前外延扩张型的平面发展模式转向量和质增长并举的立体发展模式。作为促进经济增长、社会发展和保障国家安全的物质基础，能源在我国的建设和发展中处于至关重要的地位。

然而，当前中国经济发展面临着内部条件和外部环境的种种变化，这给我国的能源发展带来了诸多问题与挑战。一方面，我国正处于工业化和城镇化的深入推进阶段，能源需求将继续增长，同时能源消费结构高碳特征明显，能源产业偏重煤炭。在高碳能源消费刚性明确存在的情况下，我国能源的转型发展面临着比发达国家更严峻的挑战。另一方面，受到新冠肺炎疫情的影响，我国面临的外部形势变得更加复杂。部分西方国家遏制我国发展的意图明显，从贸易争端到如今的科技制裁，未来我国的能源发展前景如何犹未可知。

总体来说，我国能源发展主要面临可持续供给、效能提升、高效配置、结构优化、国际地位提升及外交突围六大挑战。

可持续供给挑战：能源消费持续刚性增长与化石能源日益枯竭

（1）规模巨大且持续增长的能源消费需求

中国是世界第一人口大国、汽车保有量第一大国、第二大经济体、"世界工厂"，巨大的人口和经济规模决定了我国的能源消费"总量大"。一方面，国家统计局发布的数据显示，中国是世界第一人口大国，2020年总人口达到14.1亿，占世界人口总量的18%以上；另一方面，改革开放以来，我国GDP从1978年的0.37万亿元增长到2020年的101.60万亿元，增长了273.6倍，GDP年均增速为9.2%，这在世界范围内都是绝无仅有的。与此同时，工业增加值达31.3万亿元，制造业增加值达26.6万亿元，占全球总值的比重均接近30%。我国连续11年成为全球最大的制造业国家，出口贸易规模多年稳居世界第一。完成如此大规模的能源供给对我国是一个巨大的挑战。我国的能源消费总量从1953年的0.5亿吨标准煤一路飙升至2020年的49.8亿吨标准煤（见图3-6），增长了近100倍，这使得我国牢牢站稳了世界第一能源消费大国的位置。

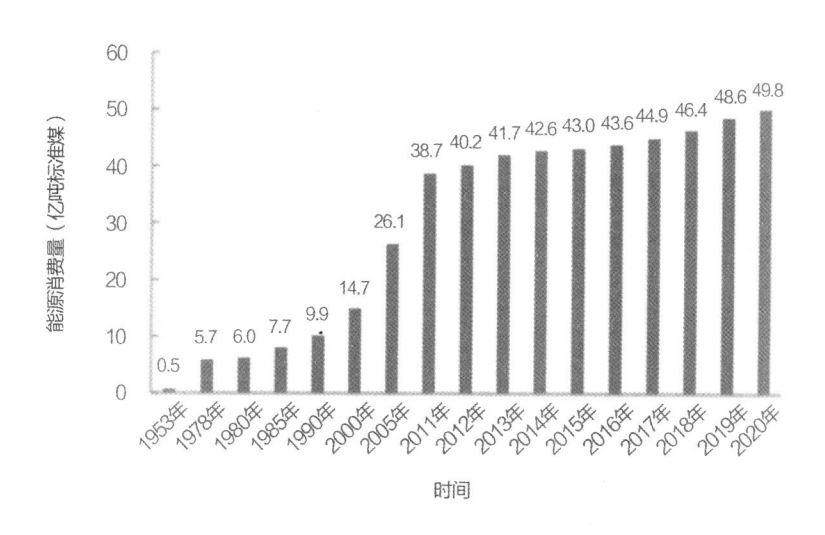

图 3-6　1953—2020 年中国能源消费总量

（数据来源：国家统计局）

当前，我国作为最大的发展中国家，已经进入工业化中后期发展阶段。虽然经济发展增速有所减缓，但根据国内外各研究机构的预测，我国经济发展仍将维持良好态势，经济的稳健增长将不可避免地带来能源消费需求的持续攀升。此外，近年来我国大力发展的数据中心、5G 基站、云计算等"新基建"项目，也将导致能源需求量的增加。

不少机构和学者提出，如果我国要在 2030 年前实现碳达峰，就需要在 2030 年前实现能源消费总量的达峰。

然而，这样的观点并不正确。事实上，"碳达峰"可能会先要求"化石能源消费总量达峰"，而不是"能源消费总量达峰"。以部分实现碳达峰的发达国家为例，日本、英国及德国在 20 世纪 90 年代实现碳达峰后，其能源消费总量仍保持在一定程度上的历史高位，美国在 2007 年实现碳达峰后能源消费总量依旧保持逐年增长态势。对于中国来说，虽然国家已经凭借庞大的经济体量成为世界第二大经济体,但人均GDP仅为发达国家的1/6~1/3,还存在着很大的上升空间。

如果一味地强调"能源达峰",只会阻碍我国的工业化和城市化进程,不利于经济社会的正常发展。更别提在如今全球产业链分工的背景下,我国在未来相当长的一段时间内,仍将面临"世界工厂"角色带来的不可阻止的能源消耗量增长。当下,我国处于经济快速发展的关键阶段,在人均GDP方面正在追赶发达国家,仍有进一步提升能源消费总量的需求。

(2)日益枯竭的化石能源

近年来,我国化石能源枯竭危机加剧。

煤炭层面,《BP世界能源统计年鉴》(2021版)的数据显示,我国已探明的煤炭储量仅占全球总储量的13%,低于美国(23%)、俄罗斯(15%)、澳大利亚(14%)等国家的储量,但煤炭产量将近40亿吨,接近全球产量的一半,2020年我国煤炭储产比仅为42.3年。随着开采力度的不断加大,我国中东部煤炭浅部资源已枯竭,开采逐步向西部和地下深部转移,导致开采成本增加,煤炭品质不断降低。

油气层面,虽然未来我国油气可采资源量还有较大的增长潜力,但是总体储量不大。我国探明的石油储量为36.2亿吨,而美国和俄罗斯的储量分别为73亿吨和146亿吨,我国储量不到美国储量的1/2和俄罗斯储量的1/4。天然气储量也是如此,我国总储量为6.3万亿立方米,基本约为美国储量的1/2和俄罗斯储量的1/6(见表3-11)。油气能源的缺乏加上我国世界第一的人口规模,导致我国人均资源量远低于世界平均水平。我国石油、天然气人均剩余探明可采储量分别为 2.58 吨和 4500 立方米，仅为世界平均水平的 7%和 15%。

表 3-11 中国、美国、俄罗斯"煤油气"储量情况对比（不含页岩油、页岩气）

	中国	美国	俄罗斯
石油储量（亿吨）	36.2	73	146
天然气储量（万亿立方米）	6.3	12	39
石油开采成本（美元/桶）	高于 40	约 30	约 17
煤炭储量（亿吨）	1623	2502	1604
适宜露天开采煤炭储量占比（%）	6	60	61
煤炭开采量（亿吨）	38.46	6.9	4.4

数据来源：国家统计局、全球能源互联网发展合作组织。

我国的油气资源赋存条件[①]较差，在已勘探的石油和天然气资源中，深层资源分别占 33%、43%，低渗透、特低渗透等"低品位"资源占比分别达到 64%、52%，中低丰度资源分别占 61%和 67%，开发和生产的成本较高。越到开发后期，我国的油气资源勘探开发难度越大，增产扩供潜力越有限。目前，我国多数主力油田已进入开发的中后期，原油平均开采成本超过 40 美元/桶，远高于俄罗斯、委内瑞拉等国家，未来石油大幅度增产的难度很大。某研究表明，我国石油产能峰值在 2 亿吨/年左右，天然气产能峰值在 3000 亿立方米/年左右，经济社会发展所需的能源还存在着较大缺口。日渐枯竭的化石能源与日益收紧的碳减排要求，导致我国的经济发展需求与能源供应出现了"供不应求"的问题。

---

① 指环境赋予某种物质存在的条件。

效能提升挑战：资源环境约束"强"与能源利用效率"低"

受到气候变暖、生态环境容量有限、环境风险挑战、能源资源约束及开发技术条件不足等诸多因素的限制，加之要应对稳步推进碳达峰、碳中和进程和最大限度地保障经济发展的要求，能源利用效率的大幅提升已成为当前我国能源变革最现实、最迫切的需求之一。

（1）能源环境安全形势严峻

我国常规环境污染和生态破坏态势十分严峻。化石能源开采、加工、转换、运输等环节产生的大量废水、废物，会严重危害水环境与土壤环境。2019 年，我国 337 个地级及以上城市的年均 $PM_{2.5}$ 浓度为 36 微克/立方米，大幅超过国家空气质量一级标准中规定的 15 微克/立方米限值和世界卫生组织规定的 10 微克/立方米限值[①]。国际医学界权威杂志《柳叶刀》在 2012 年年底发表的 2010 年全球疾病负担研究报告中称：2010 年中国有 120 万人因大气污染过早死亡。2013 年亚洲开发银行发布的《迈向环境可持续的未来——中华人民共和国国家环境分析》报告指出：中国每年因空气污染造成的经济损失，基于疾病成本估算相当于国内生产总值的 1.2%，基于支付意愿估算则高达国内生产总值的 3.8%。

以煤炭为例，煤炭开发可能引发地面塌陷，破坏水资源。我国煤炭开采造成的地面塌陷面积已达到 70 万公顷，每年因采煤而破坏的地下水约为 22 亿立方米。煤炭燃烧是我国二氧化硫、氮氧化物、烟尘、汞、超细

---

① 参见生态环境部发布的《2019 中国生态环境状况公报》。

颗粒物等污染物的主要来源。由于煤炭消费量大，我国已成为世界上空气污染较为严重的国家之一，二氧化硫排放量居世界前列，酸雨现象时有发生。煤炭燃烧带来的汞排放问题近年来引起了越来越多的关注。据估算，全球45%的人为汞排放来自煤炭燃烧。由于大气中的汞会随着气流迁移，因此汞排放的治理逐渐成为一个国际性问题，世界上已有多个关于汞控制的国际和区域间协议，限制汞的排放已经成为全球大趋势。受生态环境和水资源保护约束，我国2020—2030年煤炭产能的上限约为40亿~42亿吨，与煤炭消费需求量相比还有一定的差距。

随着全球气候的不断变暖，碳排放问题已经成为我国能源供应能力提升的瓶颈。自2008年至2018年，我国与能源相关的二氧化碳年排放量增长了20.2亿吨，年增长率达到3.2%。到2019年，中国碳排放量占世界碳排放总量的28.76%，我国不但成了全球第一大碳排放国，而且排放量基本达到了发达国家的总和。总体而言，我国用全球23%的能源消费创造了全球15.8%的GDP，排放了全球将近30%的温室气体，能源低碳发展任务十分紧迫。

（2）效能提升任务艰巨

单位GDP能耗在一定程度上反映了一个国家能源利用效率的高低。当下，我国单位能源的经济产出效益与世界发达国家相比存在一定差距。2019年，我国单位GDP能耗高达341.9吨标准煤/百万美元，约为全球平均水平的1.5倍、英国的3.5倍、美国的2.2倍、日本的2.8倍（见表3-12）。能源系统开发、输送、消费等环节普遍存在效率不高的问题。

表 3-12 2019 年部分国家单位 GDP 能耗

地区	单位 GDP 能耗（吨标准煤/百万美元）
英国	97.4
意大利	108.6
德国	117.7
法国	122.0
日本	123.6
美国	155.3
中国	341.9
印度	395.9
全球平均水平	227.0

数据来源：参考 IMF、《BP 世界能源统计年鉴》(2020 版)，计算获得。

我国主要耗能产品的能耗水平普遍高于国际先进水平。2019 年，全行业钢综合能耗为 805 千克标准煤/吨，水泥综合能耗为 131 千克标准煤/吨，乙烯综合能耗为 800 千克标准煤/吨，分别高出国际先进水平 29 千克标准煤/吨、34 千克标准煤/吨、171 千克标准煤/吨；电石综合能耗为 3141 千瓦时/吨，高出国际先进水平 141 千瓦时/吨；合成氨综合能耗为 1418 千克标准煤/吨，高出国际先进水平 428 千克标准煤/吨[1]。目前，在我国以化石能源为主的能源消费结构下，节能就是减排。

一些地方政府寄希望于用高耗能产业拉动经济发展，对于这样的倾向要坚决遏制，但这并不意味着我们就不能继续发展钢铁、水泥等高耗能产业，而是需要按需发展，防范产能过剩。因此，我们要加大产业结构调整

---

[1] 参见王庆一的《2020 能源数据》。

力度，加快发展高新技术产业，积极淘汰落后产能，同时在管理提升、技术优化及营造节能社会氛围等方面采取更多措施，通过大幅提升能效水平来持续降低单位产值能耗。

高效配置挑战：能源供给中心与消费中心逆向分布

我国地域广袤，区域发展不平衡，各地区的能源发展现状和资源禀赋差异极大，且能源资源产地与能源消费市场在地理位置上逆向分布，需要大范围优化能源资源配置。

（1）能源资源与能源需求逆向分布

从区域来看，我国东部地区人口密度大、经济发达、产业集群密集，能源需求量相对较大，但能源资源相对贫乏；中西部地区经济总量相对较小，能源需求量较小，但能源资源丰富。能源资源与消费市场是逆向分布的，比如，煤炭、油气、水电等能源资源产地主要分布在华北、西北、西南地区，而能源消费主要集中在东南地区。能源资源的跨区域转移在一定程度上制约了我国能效水平的提升。

以地理分布极不均衡的煤炭资源为例。从南北方向看，我国90%的煤炭储量分布在秦岭—淮河以北地区，尤其是山西、陕西、内蒙古和新疆4个省（自治区、直辖市）的储量，占到全国总量的73%以上。其中，煤炭探明储量最多的是山西，储量为507.25亿吨，在全国的占比达到31.26%；其次是陕西，储量为293.9亿吨，占比达到18.11%；内蒙古和新疆两个自治区，储量分别为190.14亿吨和194.47亿吨，占比分别为11.98%和11.72%。

从东西方向看，95%左右的煤炭资源分布在中西部地区，而沿海地区的辽宁、河北、天津、山东、江苏、上海、浙江、福建、广东、广西、海南11个滨海省（自治区、直辖市）的占比仅为5.4%[1]。在煤炭资源比较贫乏的地区中有相对富裕的省份，如东北地区的黑龙江，华东地区的山东、安徽，华中地区的河南，西南地区的贵州；而在能源资源比较丰富的地区中也有相对贫乏的省份，如西北地区的甘肃。

我国清洁能源资源主要集中在"三北"（西北、东北、华北）地区、西南地区。近些年，尽管我国已经在尽力加快电网配置建设，但是清洁能源仍然面临着电网配置能力不足的难题。目前，"三北"地区就存在着装机严重过剩、当地风电消纳比例难提高、特高压外送难等问题。2019年，"三北"地区的10条外送通道的规划年输送电量为5200亿千瓦时，实际输送电量为2079亿千瓦时，实际新能源输送量仅为规划输送量的40%，远远无法满足清洁能源外送需求[2]。但在国际上，丹麦等国家与周边国家联网容量可达装机总量的1.4倍，清洁能源配置消纳能力远高于我国"三北"地区。

随着我国经济的发展，经济发达地区的能源需求将大幅增加，而能源生产重心随着资源开发的深入将逐步西移，能源生产、消费区域的逆向分布将更加明显，这决定了能源资源大规模、跨区域长途调配难以避免。未来我国能源总体流向将呈现"北煤南运、北油南运、西气东输、西电东送"

---

[1] 参见自然资源部发布的《2020年全国矿产资源储量统计表》。
[2] 参见中国可再生能源学会风能专业委员会秘书长秦海岩在第二届风电产业技术研讨会上的讲话。

的格局，这将对我国的能源资源配置能力提出更高的要求。

（2）能源大范围优化配置能力不足

我国能源投资长期偏重生产环节，对运输环节投入不足，现有的能源运输体系无法满足能源大范围、远距离配置的要求。铁路运输是我国煤炭最主要的运输方式，煤炭铁路运输总量约占全国煤炭产量的60%，煤炭运输需求量约占全国铁路货运需求量的50%。中华人民共和国成立以来，铁路事业虽然有了很大发展，但仍然不能满足快速增长的煤炭运输需求，铁路运输能力不足对煤炭输送的约束日益严重。尤其是在未来东部煤炭资源逐渐枯竭而其消耗量不断增加，以及煤炭生产建设重点西移的情况下，铁路煤炭运输任务将更加艰巨。

我国的电力投资也长期向电源倾斜，同时电网建设长期滞后，导致资源优化配置能力没有得到充分发挥。改革开放以来，我国电力供应大部分时间处于偏紧状态，长期缺电形成了严重的"重发轻供不管用"倾向。电网远距离输电是一种重要的能源输送方式，其能力的不足客观上加大了煤炭运输的压力。近年来，受铁路运力不足及电网跨区资源配置能力不强等因素的影响，局部地区用电紧张的情况时有发生。

此外，我国的清洁能源生产规模较小，机制制约发展，而且清洁电力的消纳存在省间壁垒，即缺乏跨省跨区消纳政策和机制。市场机制也制约着清洁能源的优化配置，比如我国尚未建立全国性电力市场，电力长期以省域平衡为主。部分省份在缺电时争抢外来电力，在供应充足时却宁可用本地煤电也不愿用外来清洁电，清洁能源的大范围优化配置严重受限。

结构优化挑战："一煤独大，油气不足"与新能源青黄不接

当前，我国的化石能源消费量占能源消费总量的85%以上，如何保障国家能源安全并兼顾低碳发展是一个难题。一个有效的能源系统应该为所有人提供可获得、可持续、安全、成本可接受的能源。虽然不同经济发展阶段具有不同的发展特征和能源发展目标，但是能源结构需要不断得到调整优化以适应新阶段的发展步调，这意味着在中长期内中国能源发展将"两条腿走路"：兼顾煤炭的清洁发展和新能源的快速增长。

（1）能源结构仍以化石能源为主

受到资源禀赋和技术落后的影响，我国需长期面对"富煤、贫油、少气"的供给不均衡问题。中华人民共和国成立以来，煤炭消费在一次能源消费中的占比呈现稳步下降态势，从1953年的90%以上降至2020年的56.8%（见图3-7），但"一煤独大，油气不足"的能源结构并没有改变。

在全球气候问题不断恶化的情况下，碳排放问题已成为能源供应能力提升的重要约束因素。在提供同等能源量的前提下，煤炭的二氧化碳排放量比石油高出约30%，比天然气高出约70%。此外，煤炭开采中释放的矿井瓦斯也是温室气体的来源之一。目前，全球已有30多个国家和地区先后出台退煤政策，如比利时、奥地利、瑞典已率先实现全面退煤，西班牙在2020年淘汰煤电，意大利、英国和法国计划在2025年前关闭全部燃煤

电站，丹麦、芬兰、荷兰、葡萄牙将在 2030 年前停止煤电运行。英国和加拿大成立弃用煤电联盟，倡议欧盟和经济合作与发展组织国家 2030 年前、其他国家 2050 年前停止使用煤电。美国、欧洲、日本的众多金融机构已宣布停止对新建煤电项目的财政支持。

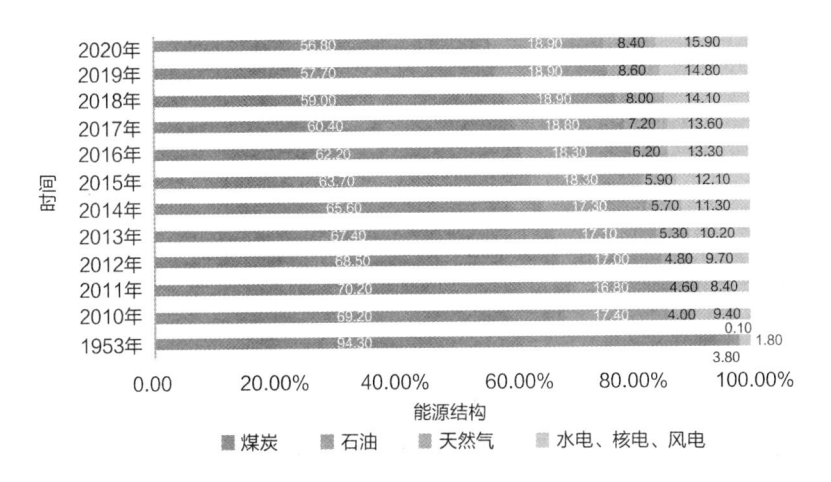

图 3-7　1953—2020 年中国能源消费结构变化

（数据来源：国家统计局）

以煤为主的能源消费结构使得我国与以油气消费为主的发达国家相比，在碳排放控制方面处于极为不利的地位。IEA 发布的相关数据显示，2017 年，中国二氧化碳排放量约为 93.45 亿吨，大于美国和欧盟的排放量总和；2019 年，中国成为全球最大的碳排放经济体，二氧化碳排放量达到 98.26 亿吨（全球约为 342 亿吨），占全球总排放量的将近 30%，约是美国的 2 倍、欧盟的 3 倍。2020 年，中国煤炭消费占一次能源消费的比重在 57% 左右，远高于 27% 的世界平均水平。随着我国经济和能源需求量的持续增长，碳排放量预计还会出现较大提升。国际社会要求我国控制碳排放的呼声渐高，我国未来将面临巨大的温室气体减排压力。

此外，作为落地"双碳"目标的为数不多的可选项之一，我国的天然气发展也不尽如人意，主要体现在以下三个方面。一是气源不足导致的供需矛盾。2020年，我国天然气消费的对外依存度为43%。在自产方面，国内天然气资源丰富但探明率低，还处于勘探早期。油气领域勘探开发主体较少，区块退出和流转机制不健全、竞争性不够，页岩气等非常规资源的勘探投入不足。二是燃气发电中的价格问题。尽管燃气电厂环保优势突出，占地面积仅为燃煤电厂的54%，且启停灵活，便于电网调峰，但按照气价2.7元/立方米计算，每度电成本约为0.8元。昂贵的气价和过剩的电力供给，让燃气正在沦为"鸡肋"。此外，燃气发电设备维护成本高，国内F级机组每台每年检修费用一般超过3000万元。我国70%的燃气发电量用于调峰调频，设备容易受损，维修次数难以降低。世界范围内大型燃气轮机行业被GE、西门子和三菱垄断。中国虽然能制造、组装燃气发电机组，但是在整机设计、热部件材料制造、冷却和隔热涂层等关键技术方面尚未取得有效突破，很多热部件依赖进口。三是基础设施落后导致调峰需求难以满足。天然气消费具有明显的季节性，冬季需求远高于夏季。天然气调峰主要依靠地下储气库、液化天然气和天然气田，而我国地下储气库建设严重滞后，只能依赖气田调峰和采取压减市场等刚性措施。这与燃气价格机制尚未明确有很大关系。天然气价格目前受政府管制，季节性价差小，且民用气价与工业气价存在倒挂现象，天然气产供销体系的不健全也会导致商业储备库无法靠市场机制运营。

（2）清洁能源发展速度、质量有待提高

目前，我国的可再生能源开发利用还不充分，风能、太阳能、生物质能的发展尚处于起步阶段。2019年，我国清洁能源占一次能源消费的比重为15.3%，较国际平均水平低5个百分点，远低于欧洲25.6%、美国19.0%的水平[1]。2019年，我国清洁能源有11%的供应量增幅，但仅满足了35%的新增能源需求，新增能源需求仍主要由化石能源满足，清洁能源发展的速度还远远不够[2]。清洁能源"三弃"问题（弃水、弃风、弃光）仍未得到根本性解决，在多项政策的支持下，2019年虽有所好转，但全年"三弃"电量仍超过500亿千瓦时，其中弃水、弃风、弃光电量分别为300亿千瓦时、169亿千瓦时、46亿千瓦时[3]。此外，风光发电功率预测、虚拟同步机、大容量储能、需求侧管理等技术的推广应用不够，清洁能源开发、配置、使用等多环节的智能化水平不高，清洁能源发展质量有待提高。

此外，各类非化石能源的开发还受到生态环境、技术能力和成本等方面的约束。我国水能资源开发尚有一定的潜力，而其中水电开发的主要困难来自移民和环境问题；核电开发主要受到核电站选址、环境安全、核燃料供应的约束；风能、太阳能、生物质能等其他非化石能源开发主要受到开发成本、技术能力的约束。新能源的发展速度还不能适应更无法支撑我国庞大的能源安全体系，既不能满足更加经济性的需求，也不能满足稳定供电的需求。近中期，非化石能源要实现产能的大幅提升，还有许多困难需要克服。

---

[1] 参见全球能源互联网发展合作组织发布的《新发展理念的中国能源变革转型研究》。
[2] 参见深圳可持续发展研究院发布的相关数据。
[3] 参见国家能源局发布的相关数据。

从经济视角来看，可再生能源的推广、应用仍然面临与化石能源更替、竞争方面的问题，其中能源成本将是决定竞争力强弱的重要因素。2020年，国际油价一度跌至近 20 年以来的最低水平，在新冠肺炎疫情的影响下，经济活动的收缩及化石能源价格的进一步下降，使得可再生能源的相对经济性降低，增加了可再生能源应用与推广的阻力，可能导致未来一段时期全球可再生能源装机量增长缓慢。全球能源低碳转型在中短期内可能受挫，可再生能源消纳和投资可能遇到困难。

对中国而言，2020 年是实现以风电和光伏为主的可再生新能源"平价上网"的关键年份，也是风电、光伏补贴政策环境转变，即由政府补贴转向市场治理的重要时刻。国际能源价格的大幅下降导致国内可再生能源的相对竞争力减弱，而新冠肺炎疫情导致的经济疲软，也可能使私企对可再生能源的投资减少。从保障能源安全的视角来看，短期内可再生能源发展对保障能源安全的贡献有限。在极端情况下，能源安全的保障还需要依靠化石能源。在复杂多变的国际环境中，为了保障能源安全，需要对可再生能源转型和化石能源发展的优先级及平衡度做进一步考量。因此，未来能源转型战略推进的相对成本增大、利润空间下降，这可能导致相关行业主体的积极性受挫。

国际地位提升挑战：能源消费"大国"与定价"小国"

在全球能源体系中，我国是一个消费大国、进口大国，但是我国对全球能源体系的影响力有限，基本游离在全球能源定价体系之外，既是后来者，也是世界能源市场上的价格追随者。世界能源消费"大国"与全球能源定价"小国"的矛盾定位，导致我国在处理能源对经济增长产生的负面影响时常常感到力不从心。

改革开放以来，我国的能源消费总量从 1978 年的 5.7 亿吨标准煤跃升至 2020 年的 49.8 亿吨标准煤，增加了近 10 倍，使得我国成为世界第一能源消费大国。当前我国处于工业化中后期，经济发展将延续良好态势。我国虽然是能源消费大国和能源进口大国，但是缺乏相应的国际能源话语权，同时中东地区的一些石油输出国对出口到欧美地区和亚洲地区的相同原油采用不同的计价方法，导致我国在油气能源进口方面长期遭遇"亚洲溢价"的不公平待遇，要比欧美国家支付更高的原油进口费用。历史上，石油价格容易受到地缘政治、全球经济、恐怖袭击、自然灾害等多种因素的影响，总体保持长期震荡态势。尤其是进入 21 世纪后，国际石油价格波动加剧，加上美国利用军事和金融霸权通过多种手段打压对手，全球能源市场更加动荡。因此，我国"消费'大国'、定价'小国'"的现状亟待打破。

外交突围挑战：地缘政治与非传统安全问题加剧

2020 年以来，新冠肺炎疫情引发一些地缘政治问题，传统和非传统安全风险进一步暴露。中国经济社会发展面临的外部环境正在发生变化，部分国家民粹主义兴起、频繁制造贸易紧张局势和设置贸易壁垒，加上美国在中东地区的战略收缩，从多方面对现有的能源供应格局产生影响，促使我国更加重视能源外交突围问题。

(1) 体系脆弱性：过高的对外依存度与过低的金融能力

进入21世纪，我国经济的飞速发展带来了能源需求的不断攀升。国内油气资源不能有效地支撑经济的持续发展，导致我国能源对外依存度过高，能源安全矛盾集中体现在石油安全问题或油气安全问题上。从我国能源消费构成来看，原煤在一次能源生产和消费中仍占主要地位，但油气的消费比重比生产比重上升得更快，由此我国的油气消费与生产缺口持续扩大。自1993年成为石油进口国以来，我国的石油消费量在2000—2017年间增长了1.65倍，进口量增长了5倍左右。2017年，我国石油对外依存度接近70%，而天然气净进口量是2007年的40倍，年均增长60%左右。此后，我国的油气对外依存度不断提高。继2017年超过美国成为最大的石油进口国后，我国又在2018年超过日本成为最大天然气进口国。2020年，我国石油对外依存度达到了73%，天然气对外依存度达到了42%。按照当前的能源发展模式，全球能源互联网发展合作组织预计，2050年我国石油、天然气需求量将分别超过8亿吨、7000亿立方米，新增油气需求将主要依靠进口满足，石油、天然气进口量将分别超过6亿吨、4500亿立方米，对外依存度分别超过75%和65%。这表明我国油气消费依赖进口的问题日益严重，随着世界主要油气产区地缘政治风险的上升，以及国际贸易摩擦等因素，我国能源安全面临的不确定性因素越来越多。

当下，经济逆全球化趋势明显，我国在全球能源体系中的金融能力尚未取得实质性提升，这将进一步突显我国能源进口对国际石油价格变动的敏感性。随着我国经济的快速发展和国民生活水平的提高，国内石油需求急剧增长。在国内供给失衡的情况下，我国石油进口额大幅增加，但石油进口额会与国际油价波动产生联动效应，而这对于我国能源体系正常运行及国家经济发展极为不利。

（2）地缘安全风险：进口风险和通道风险

在地缘竞争逻辑下，中东主要能源产地的地缘竞争及域外大国的干预显著加大了我国能源进口及运输的风险。全球能源体系的变化，既对我国能源安全构成了挑战，也为我国在维持全球能源体系平衡中发挥更加积极的作用提供了机遇。美国、俄罗斯等国家控制化石能源及其运输通道的博弈加剧了我国与中东地区国家能源合作的风险，中东地区国家之间的博弈及域外大国的参与增加了我国能源安全的不确定性。

一是能源产地的社会动荡给我国能源稳定供应带来的风险。中国油气进口来源虽然多元化，但仍集中在中东等少数地缘政治不稳定的区域。目前，我国主要是从俄罗斯、安哥拉、沙特阿拉伯、伊拉克、阿曼和伊朗等国家进口石油。从地理分布来看，这些国家主要集中在北非、中东和亚太地区。从进口量来看，我国石油进口来源主要集中在中东地区。近年来，这些地区民族和宗教矛盾激烈，地缘政治处于不稳定态势，石油市场的稳定受到严重威胁。美国、俄罗斯等域外大国的介入及其与中东地区国家间的摩擦，更使中东地区热点问题频出。冲突的爆发不仅会对我国在当地的能源基础设施造成破坏，政权更迭等因素还可能导致能源协议或合同无法履行。

二是进口通道集中度高，风险评估能力与安全保障力度不足。我国的石油进口运输包括陆运和海运。其中，除了从俄罗斯进口的石油可通过铁路、管道等潜在风险较低的陆地运输方式输送，其余近90%的进口石油运输需要依靠海运。也就是说，海运在我国石油运输中占据着重要地位，因而需要重点考虑海运风险。目前，中国石油进口主要通过6条海上贸易通道进行，即中东、北非、西亚、亚太、中南美、俄罗斯6条海上航线，尤其高度依赖马六甲海峡和霍尔木兹海峡的海上航线。我国每年进口石油要花费2000多亿美元。进口的石油中，80%经过马六甲海峡，45%经过霍尔木兹海峡。石油进口的海运路线过于集中，抗风险能力总体较差，安全系数相对较低。

（3）非传统安全问题：能源围困

全球传统和非传统安全风险进一步暴露，2020年3月国际油价暴跌。2020年4月21日，5月份交割的WTI原油期货合约跌幅超过300%，当天最终结算价收报-37.63美元/桶，出现了史无前例的负值。油价大幅下跌，从短期看有利于降低我国居民出行等消费成本，但也给我国石油企业带来诸多风险。一是上游石油勘探和开采亏损严重，面临越采越亏的困境；二是石油需求大幅下滑，严重冲击中游产业链，这是因为终端需求萎缩、成品油销售量大减都在挤压中间炼油环节的利润；三是石油运输、贸易、服务等领域受到不同程度的冲击，高负债企业易遭遇流动性危机、债务危机，破产压力不断增大。

此外，随着2010年以来美国页岩油气革新技术的推广应用，美国油气产量稳步上升，美国由此从依赖油气进口逐步向能源自给自足转变。

2019年，美国正式成为能源净出口国。在此背景下，由于保障油气出口地区局势稳定和海上能源运输通道顺畅的必要性降低，美国可能转而将能源作为掌控国际能源市场、重塑全球地缘政治格局和开展大国博弈的重要工具，从而给全球能源安全带来不利影响。如果美国利用自身的能源独立和海洋强权优势对我国进行能源制裁，自身仅需付出较小的代价就能对我国的能源安全造成较大的威胁。

第四章

中国能源转型之路

花钱能买来能源,但买不来真正的能源安全。

——作者

第四章　中国能源转型之路

总体构思

21世纪以来，受到全球气候变化治理形势的影响，人类对发展生态友好、绿色低碳社会的要求不断提升，以"低碳化""无碳化"理念为核心的能源变革在全球蓬勃兴起，能源已由过去满足国家经济发展的需要向包含安全性、绿色性、经济性等全过程综合性要求逐步转变。

2021年9月《中共中央 国务院关于完整准确全面贯彻新发展理念做好碳达峰碳中和工作的意见》的战略部署提出的发展目标是，2025年、2030年我国的非化石能源占比分别要达到20%、25%左右，而2060年则要达到80%以上。这就意味着，我们要在40年内完成新能源与化石能源地位的历史性更替。在兑现"力争2030年前实现碳达峰，2060年前实现碳中和"的承诺和保证经济稳中有进的发展前提下，我国面临着经济结构和能源结构的优化调整。

我们认为，我国的能源可以按照"实现一个变革、完成两个脱钩、打赢三大替代战役、实现四个突破"的思路，走一条具有中国特色的能源独立之路、转型之路。

一个变革：推动能源由资源属性向制造业属性的底层逻辑与顶层设计的变革。

近年来，世界能源转型已由起步蓄力期转向全面加速期，正在推动全球能源和工业体系的加速重构。在此背景下，我们要彻底摆脱"资源依赖"的化石能源底层逻辑，着手从顶层谋划，将能源产业变成我国所擅长的"制造业"，推动能源实现由资源属性向制造业属性的转变，从能源储量依赖转为科学技术依赖，重新定义人类社会的资源利用方式。届时，新能源将是属于中国的机会，"中国能源独立"的"旧题"将迎来历史性的"新解"。

两个脱钩：经济社会发展与碳排放逐步脱钩，能源发展与化石能源逐步脱钩。

以大规模能源资源投入换取经济快速增长的传统发展模式导致我国综合能效长期处于世界中下游水平，在强调绿色发展的趋势下难以为继。在全球积极应对气候变化的背景下，社会的发展要向低碳和零碳转型，能源发展要与碳排放脱钩。我国要坚持走可持续发展道路，以深化供给侧结构性改革为主线，以产业结构、能源结构调整为关键抓手，推动产业结构绿色转型，推动能源结构低碳转型，为生态环境减"破坏力"，为产业加"竞争力"，从结构降碳和技术降碳两个方面实现深度脱碳。

三大替代战役：能源生产清洁替代，能源配置智能替代，能源消费电气替代。

能源生产层面，稳步推进化石能源的新能源替代方案，逐步做到煤炭减量，实现石油、天然气的有序切换，逐步摆脱"一煤独大"的局面，向清洁生产主导的方向转变。

能源配置层面，打破化石能源行政区域局域网，改革电力管理割裂体制，逐步实现以全国统一的数字电网、能源互联网为主的智能配置体系。

能源消费层面，推动生产、生活终端用能电气化，立体式打造清洁低碳、安全高效的现代能源体系。

四个突破：能源互联网建设突破，能源市场建设突破，能源科技创新突破，能源外交突破。

能源互联网层面，推进新能源技术和信息技术深入结合，形成基于可再生能源的分布式、开放共享的网络，构建以特高压电网为骨干网架、各级电网协调发展的全国性能源互联网，改变过度依赖输煤的能源发展方式和局部平衡的电力发展方式。

能源市场层面，依托能源互联网平台，统一设计、统一制定规则、统一运营，健全交易机制、理顺价格关系、放开社会投资，打破省间壁垒，建设全国统一的电力市场。

能源科技层面，依托我国已具备全球领先优势的特高压、光伏、风电等关键技术与工程应用，抓住"弯道超车""换道超车"的机遇，抢占全球能源技术制高点，改变我国在以往能源变革中的被动局面。

能源外交层面，积极谋划新能源外交，牢牢把握能源合作是共建"一带一路"的重点领域和标志性工程这个出发点，将俄罗斯、蒙古、哈萨克斯坦等能源资源丰富国家作为输入选择，将日本、韩国、印度、巴基斯坦、孟加拉国等缺电国家作为输出选择，构建东亚、欧洲、非洲能源互补互济网。

能源转型"三步走"

当下,"百年未有之大变局"加速演进,新一轮科技革命和产业变革深入发展,全球气候治理持续呈现出新局面,新能源和信息技术正在加快融合,生产、生活方式加快转向低碳化、智能化,能源体系和发展模式正在进入非化石能源主导的崭新阶段。我国加快构建现代能源体系是保障国家能源安全,力争如期实现碳达峰、碳中和的目标,推动经济社会高速发展的重要方面。

中国开启的"能源独立""能源转型""新能源外交"征程是未来能源发展的必由之路,也是实现中华民族伟大复兴的战略选择。在《迈向碳中和:中国未来转型路径与产业机遇》一书中,我们曾提出过可以将四个十年分为三个阶段,实现中国能源转型的"三步走",走完每一步对应着短期、中期、长期目标的实现。

第一步(2020—2030年):实施增量替代策略,新增的能源需求全部由新能源满足,通过"化石能源换挡+可再生能源提升"的模式解决能源供给安全问题,并争取在2030年前实现碳达峰。

第二步(2030—2045年):实施存量替代策略,逐步实现新能源对化石能源的替代,形成"以清洁能源为主,以化石能源为辅"的格局,实现能源独立自主的愿景。

第三步（2045—2060年）：实施全面深化策略，完成能源属性和结构的彻底转变，通过"能源科技+智慧供给"的模式实现能源全面转型，并适时谋划新能源外交。

第一步：增量替代，实现能源供给安全

这个阶段（2020—2030年）是实施碳达峰的关键时期，我国面临着要如期实现2030年前碳达峰的目标。因此，该阶段必须坚持"全国一盘棋"的系统思维，在确保地区、行业梯次实现碳达峰的前提下，明确新增的能源需求全部由新能源满足的主调，未来能源主体只有依靠新能源才能实现"能源独立"和保障"能源供给安全"。该阶段的主要工作有以下三项。

一是推动社会形成绿色发展共识，提高"能源转型"战略认知。

在全力保障国内能源供给的同时兼顾碳达峰目标，我国要深刻把握碳达峰、碳中和两大目标与能源结构调整的内在关联性，利用好碳达峰这个拐点在整体战略部署中的阶段性功能，严格落实能源消费总量与强度"双控"制度，合理设置符合这个阶段发展需求的化石能源消费"天花板"。

二是在保障国家能源安全的前提下，狠抓化石能源总量控制与能效提升。

我国要加大对煤炭、石油等化石能源的总量控制和利用效能提升的力度，重视化石能源的清洁作用，通过将煤炭清洁化利用与石油工业深度融合以形成产业链，力争将化石能源消费控制在50亿吨标准煤左右（基本

与 2020 年持平）。伦敦环境智库碳追踪者（Carbon Tracker）在对全球 95% 正在运营或规划中的燃煤电厂的盈利能力进行分析后，认为 2020 年全球近半的燃煤电厂处于亏损状态。该机构还预测随着可再生能源和更便宜的天然气的竞争力开始超过煤炭，等到 2030 年，全球处于亏损状态的燃煤电厂比例将升至 52%。

2018 年年初，华能集团、大唐集团、华电集团和国家电投集团四大发电集团等企业联合向国家发展改革委提交《关于当前电煤保供形势严峻的紧急报告》，称 2017 年以来，受需求超预期、产能置换滞后、入港汽车禁运、铁路运力局部紧张等多重因素影响，煤炭供需持续紧平衡，国内市场煤价大幅上涨，导致五大发电集团煤电板块亏损 402 亿元，亏损面达 60%。随着清洁能源技术持续进步，不少机构预计 2025 年前煤电发电成本将全面高于清洁能源，煤电业将全面陷入亏损困境。因此，狠抓化石能源总量控制与能效提升，既是一个能源话题，也是一个经济话题。

三是对过渡能源、可再生能源"因地制宜""分而治之"。

我国在大幅降低煤炭、石油等碳排放量大的化石能源使用比重的同时，一方面把天然气作为过渡性能源，因为天然气较煤炭、石油碳排放量更少、更清洁，且已具备规模化市场应用基础，是化石能源向清洁能源转型的最佳过渡能源；另一方面大规模开发新能源，即充分利用我国阳光、风、水、生物质等可再生能源充沛的资源禀赋，特别是要利用更靠近需求端、更容易满足用户需求的各类分布式能源，如分布式光伏、分布式燃气能源站、分布式风电等，并与微电网密切配合，推进风光等能源倍增，实现多种能源互补，大幅降低对煤炭、石油等化石能源的依赖。我国要加快可再生能源、天然气对煤炭、石油的替代，形成煤油化石能源、过渡能源、新能源"三足鼎立"的能源格局，解决能源清洁、供给的过渡问题。

到 2030 年，我国要实现碳排放强度较 2005 年降低 65%以上，力争做到高质量碳达峰，非化石能源电力总量占全部电力总量的 50%，非化石能源占一次能源消费的比重在 25%以上，扭转化石能源消费总量和对外依存度上升势头。光伏、风电、水电、核能等可再生能源替代迈入新阶段，风电、太阳能发电总装机容量达到 12 亿千瓦以上。我国应确保在"十四五""十五五"期间，新增的能源消费量基本由非化石能源满足，通过"化石能源换挡+新能源提升"的模式解决能源供给过渡问题。

第二步：存量替代，实现能源供应自主

这个阶段（2030—2045 年）是深入推进碳中和的关键时期，逐步实现新能源对化石能源的替代是该阶段的主调，这个阶段也是新旧能源转换的关键时期，主要工作有以下四项。

一是将天然气作为过渡能源。

天然气因碳排放量较煤炭、石油少，算是清洁能源，具备无毒、易散发、比重轻于空气等特性，因此不易积聚成爆炸性气体，也是较为安全的能源，且其在布局上具有集中式和分布式特点，具备规模化市场应用基础，是化石能源向清洁能源转型的最佳桥梁，因此我国选择将天然气作为过渡能源。在供应上，我国要适当扩大液化天然气和管道天然气进口力度；在配置上，我国要加强供气设施的建设，加快天然气管网和储气设施建设，

有序拓展天然气的城乡燃气应用,在此战略背景下,这也成了当下国内外重点石油公司的转型方向。

二是坚持电力清洁化、非电清洁化双管齐下。

我国要尽快完成火电的灵活性改造,推动燃煤电厂加装碳捕获与封存(CCS)和CCUS装置,构建更为低碳、灵活的能源供给系统。通过清洁煤等技术进步推动高碳能源低碳利用,大力推进煤制油气、煤炭制氢工程建设,促进煤炭清洁化利用;加快煤电机组节能降碳改造,积极推进煤改电、煤改气,同步制订燃油车退出计划。我国2020年石油消费量为6.66亿吨,进口量为5.4亿吨,交通领域石油使用量将近5亿吨。也就是说,我国的石油七成依赖进口,而石油总量中七成用于汽车消费,因此制订并有序推进燃油车的退出计划是当务之急。欧洲大多数国家和地区都在这个时期明确禁售燃油车,比如法国、英国、丹麦等国家已经表示将在2035年前后禁止燃油汽车、燃气汽车的上市,荷兰则要求最晚在2030年实现新售乘用车100%无碳排放。我国海南省也明确了在2030年禁止燃油汽车在省内上市的规定。

三是通过降低绿色溢价推动电力系统向以非化石能源为主体转型。

我国要聚焦降低非化石能源的绿色溢价,持续革新能源生产与消费方式,确保可再生能源发电成本低于煤电,让非化石能源成为经济增长的新引擎,弱化经济增长与化石能源消耗的关联性,基本形成以非化石能源为主体的能源体系和低碳产业体系。同步推进东部、西部两大特高压电网建设,形成"西电东送、北电南供、跨国互联"的能源发展格局。

四是以新能源、能源互联网、智能电网、特高压等技术实现能源结构的颠覆性调整，完成化石能源向可再生能源的历史性更替。

我国要推进太阳能、风能、水能、核能等能源的开发、储能，以及在新材料方面实现规模化低成本利用，实现制氢、运氢、储氢、加氢与用氢产业链突破，逐步攻克工业低碳化关键技术，实现新能源工业化，以及储能和新材料技术的低廉化和大众化。同时，推动新能源技术利用向智慧化、互联化、大数据化转型，并借助"智能源"管理体系使多种能源应用真正融合，实现生产、消费智能调配，大幅提高能源利用率、降低能耗，基本建成"智能源"管理体系。我国要完成化石能源与新能源地位历史性的转换、能源结构的革命性转型，最终实现"以清洁能源为主，以化石能源为辅"的能源自主愿景。

到 2045 年，我国化石能源消费和对外依存度显著下降，煤电加快退出，石油和天然气依次达峰，非化石能源占一次能源消费比重在 70% 以上，清洁能源和电能分别成为生产侧和消费侧第一大能源。化石能源仅在部分地区和领域发挥稳定供给、服务社会的作用，并与可再生能源形成发展合力，补足新能源供给与消费总量之间的缺口，实现能源生产与消费平衡。"以清洁能源为主，以化石能源为辅"的格局基本形成，能源自主愿景基本实现。

第三步：全面深化，实现能源独立、自主、安全与可持续愿景

这个阶段（2045—2060 年）是实现碳中和目标的关键时期，也是可再

生能源主体体系和中国能源互联网全面建成时期。这个时期将建成清洁、零碳、高效、安全能源体系,实现基于太阳能和氢能的高度电气化,以"新能源+储能"为主体,以"化石能源+核能"为保障。该阶段的主调是实施新能源全面深化策略,主要工作有以下四项。

一是实现能源科技层面的突破。

我国要以储能电池、纳米超材料、氢能、石墨烯聚变、碳捕集和封存技术等能源科技为重点抓手,依托科技和技术迭代推动新能源产业迅速发展,基本实现能源"制造业"化,实现从能源储量依赖向科学技术依赖转型。

二是促进新能源的大规模应用。

我国要全面推动太阳能、风能、核能、生物质能等多种类型新能源实现低成本、规模化应用,尤其要推进新材料储能、氢能、可控核聚变等新能源大规模利用。同时要实现电力系统的碳中和,完成电力系统的净零排放,助力我国碳中和取得决定性成效。

三是建成"能源科技+智慧供给"体系。

我国要强化智能光伏电站、智能风电场等设施及基于互联网的智慧运行云平台的建设,实现深度融合"智能源"管理体系与能源生产、传输、存储、消费及能源市场的能源产业发展形态,实现设备智能、多能协同、信息对称、供需分散、系统扁平、交易开放,打通多种能源应用。我国要积极推进经济发展、社会生活深度脱碳,助力新能源取得革命性突破,促使新能源全面工业化、颠覆性技术产业化,全面建成"能源科技+智慧供给"体系，实现能源独立。

四是推进能源领域负碳进程。

我国要依托燃煤电厂、水泥厂等配套 CCS、CCUS 装置，推动社会负碳进程，逐步清除环境中历史温室气体存量。这个时期，大多数国家和经济体基本实现碳中和目标，我国的零碳产业、零碳经济、零碳社会梯次建成，并开始向"负碳社会"转型。当全球经济发展到一定阶段后，社会能源消费需求将持续降低并趋于稳定，煤炭和油气等化石能源消费将全面降低，产量规模和低廉成本将支撑新能源成为能源消费主体。各排放行业、区域、主体将趋于零排放。部分领域，比如建筑、农业、能源生产可能进入负碳排放发展阶段。我国要以此为依托，解决能源碳排放的"历史旧账"。

专家预测，到 2050 年，中国将全面建成能源互联网，清洁能源占一次能源的比重达到 80%以上，能源自给率达到 95%以上，单位 GDP 能耗比目前降低 60%以上，单位 GDP 能耗达到全球领先水平，能源安全、化石能源供应和进口依赖问题得到根本解决，以"能源科技+智慧供给"为特征的中国特色能源体系基本实现"能源独立"。2055—2060 年间，经济发展深度脱碳，单位 GDP 的能源强度将比 2005 年下降 80%以上，能源和电力生产将进入负碳阶段，2055 年左右实现全社会碳中和。深度脱碳、碳捕集和封存技术等工作将有力助推我国负排放技术的发展，使负排放技术得到大规模开发与应用。到 2060 年，我国将保持适度的负排放规模，以控制和减少历史累积的碳排放量。

实现"一个变革"

化石能源正迎来一轮全面的更替过程：能源将由资源属性向制造业属性转变，传统的化石能源将被可再生能源全面取代。这注定，能源变革将彻底改变世界、改变中国。我认为做到以下三个方面尤为重要。

一是求变，主动推动能源变革。

人类目前正在经历第三次能源转型，在当下新一轮全球能源转型的大潮中，我们要做积极的参与者和推动者。碳中和、能源变革等是我们自己要做的事情，不是别人要我们做的事情。能源转型是一项史无前例的巨大工程，与每个中国人息息相关，不仅需要政府和企业界投入力量，所有中国人都应是这场大转型的见证者、参与者和推动者，从更高的角度和站位去审视能源变革带来的社会、经济、政治、环境等影响，主动求变，并争取勇立潮头。

二是改革，敢于主动自我革命。

在新一轮能源转型中，全球能源供给方式将逐步从过去的以集中式供给为主过渡到集中式与分布式并行，化石能源要与太阳能、风能、生物质能等分布式能源相结合。能源领域将诞生新的产业、新的业态、新的科技，这必将带来能源生产和消费模式的重大调整。因此，我国在政策、制度上要敢于自我革命。在一个高速发展的经济体中，体制的变革往往是挑战最大的，也是难度最高的。

三是创新，在奔跑中调整姿态。

创新是一场没有终点的旅程。自 2016 年《巴黎协定》签订以来，在碳预算强约束的背景下，全球能源消费面临去碳化的挑战。近几年，以"云大物移智"（云计算、大数据、物联网、移动互联网、人工智能）为代表的数字化技术创新给能源行业的发展带来颠覆性的变革，"数字油田""数字风场""智能电网""泛在电力物联网"等能源领域的探索也层出不穷。能源领域从来不是风平浪静的湖，而是波涛汹涌的大海，而人类从未停止过探索。时代变革、社会进步的风浪从来都是先到达这片海域，这也注定了这个领域的挑战和创新都是没有终点的。

因此，我们要牢牢抓住推动能源由资源属性向制造业属性转变的底层逻辑与顶层设计的这条变革主线，彻底摆脱"资源依赖"的化石能源底层逻辑，着手从顶层谋划，将能源产业变成我国擅长的"制造业"，推动能源实现由资源属性向制造业属性的转变，从能源储量依赖转为科学技术依赖。届时，新能源将是属于我们的机会，中国能源独立的"旧题"将迎来历史性的"新解"。

完成"两个脱钩"

目前，全球已开启应对气候变化的新征程，越来越多的国家通过参与碳中和等气候行动积极推进全球气候治理，绿色发展已经成为全球共识，低碳经济将成为全球经济发展的主调。我国正处在发展方式转型、经济结构优化、新旧动能转换的关键时期，能源消费和二氧化碳排放也进入了一个低增速、低增量的转变阶段。不少学者将碳中和视为我国改革开放后第二次经济转型，而这也是实现经济增长和碳排放脱钩、推动经济真正向高速发展转型的关键节点。

中国的工业化是人类历史上最大规模的工业化，同理，中国的碳中和也将成为人类历史上最大规模的碳中和。

作为全球最大的能源消费国和碳排放国，中国对于全球气候治理目标的实现具有决定性的影响。碳达峰、碳中和是一个重大的政治决断，我们必须下定决心，主动作为、执难奋进，开创出一条超常规的碳达峰、碳中和路径，实现经济社会发展与碳排放逐步脱钩、能源发展与化石能源逐步脱钩。

第一个脱钩：优化产业结构，构建低碳产业集群，实现经济社会发展与碳排放逐步脱钩。

作为全球第一人口大国、第二大经济体、"世界最大工厂"、第一碳排放大国，IEA发布的相关数据显示，2017年，中国二氧化碳排放量达到92.6亿吨，大于美国和欧盟的排放量总和。2019年，中国二氧化碳排放量达到98.26亿吨（全球341.69亿吨），中国成为全球最大的碳排放经济体，占全球28.76%的排放比例，碳排放量几乎是美国的2倍、欧盟的3倍。"30·60目标"的提出，标志着中国将以"2030年实现碳达峰、2060年实现碳中和"为目标，用短短30年的时间走完欧美等发达国家半个多世纪走过的路程。

当下，我国仍处于工业化和城镇化高速发展的进程中，经济发展结构仍以第二产业为主，属于高碳排放产业模式。这样的产业结构决定了我国受到发展阶段、产业结构和技术三方面"碳锁定"效应的限制，在短期内难以摆脱高碳排放的能源结构模式，并且在未来还需要更多的碳排放空间，以满足实现"中华民族的伟大复兴"的发展需求。

因此，我国必须走出一条符合国际期待与中国实际情况的道路，逐步实现经济社会发展与碳排放脱钩：坚持走可持续发展道路，以深化供给侧结构性改革为主线，以产业结构、产品结构和能源消费结构为抓手，推动产业绿色低碳转型发展，实现结构降碳和技术降碳多措并举，优化经济发展产业结构，实现产业"脱碳化"发展。

一是通过供给侧结构性改革，淘汰高耗能、高污染及化石能源依赖程度高的产能，严格控制新上火电、钢铁、有色金属、石化化工等"两高"项目，加强新建项目节能审批监管和碳排放评价，加快淘汰高耗能、低效率产能，实现资源脱碳、能源脱碳、生产制造流程脱碳、进出口贸易脱碳、政策法规脱碳，腾出用能和碳排放空间。

二是以绿色低碳为导向，推动产业结构优化，实现产业高端化、集约化、绿色化发展，进一步降低能源资源消耗，加快发展生态友好型、循环高效型、清洁低碳型的产业，大力发展新兴产业，努力提升产业整体竞争力和综合服务能力。还要增强企业自主创新能力，加快发展以现代服务业为主的第三产业和以信息技术为主的高新技术产业，全力推动生产性服务业向专业化和价值链高端延伸、生活性服务业向高品质多样性升级。

三是在源头上减少工业产品（如钢铁、水泥）的需求，在满足当前及未来的生产、生活需求的前提下，通过发展工业产品替代物缩减工业产能、降低排放。

四是通过发展循环经济，提高工业产品的利用效率、延长产品使用年限、回收利用相关产品及材料，进而减少不必要的工业投入与产出。

五是全面推行绿色制造和清洁生产，通过节能提效、调整用能结构、优化工艺流程、调整产业链等措施，进一步提高传统产业的生产力。

第二个脱钩：加快能源结构调整步伐，构建以新能源为主体的新型电力系统和以电力为主体的能源体系，实现能源发展与化石能源逐步脱钩。

自从蒸汽动力、内燃动力装置介入人类的社会经济系统之后，人类社会基于化石能源利用方式建构了诸多秩序，并由此形成向化石能源秩序寻找解决方案的系统惯性。近年来，随着时代和科技的发展，能源结构正在经历深刻的变化。在新能源一路高歌猛进的征程中，加拿大学者瓦茨拉夫·斯米尔在《能源神话与现实》一书中提醒人们：不要低估化石能源及已有设备的持久性和适应力；不要因为与某些预设意识形态或社会模型相匹配，就不加批判地接受新能源和新技术工艺，要认识到能源转型是一个涉及范围广泛且十分复杂的过程，其所需要的基础设施必须在新能源供应和新方式广泛应用之前建设完备，否则就难以实现能源转型。

但是，"黑色金子"正在变成"黑色诅咒"。人类社会向化石能源体系

第四章 中国能源转型之路

寻找解决方案的惯性思维正把人类逐步带入一条"黑暗的胡同",以化石能源为基石的经济和权力体系正面临前所未有的秩序重构的压力,发展的隐忧开始在政治、经济、社会各界弥漫,高速增长的经济正迎来历史性的门槛,随之而来的将是一场在全世界范围内对新答案的追寻。能源体系要实现绿色转型,逐步实现与化石能源脱钩,可以从以下几个方面发力。

一是推进煤炭消费替代和转型升级,严格控制煤炭消费总量。

我国要不断加快煤炭减量步伐,在"十四五""十五五"时期严格控制煤炭消费增长,严格控制新增煤电项目,推动重点用煤行业减煤限煤,有序淘汰煤电落后企业。同时,通过清洁煤等技术的进步推动高碳能源低碳利用,加快煤电机组节能降碳改造,积极推进煤改电、煤改气,严格控制钢铁、建材、化工等行业的燃煤消耗量,力争实现非电用煤消费负增长。我国努力提高能效标准,做到新建机组煤耗标准达到国际先进水平,加快现役机组节能升级和灵活性改造,积极推进供热改造,推动煤电向基础保障性和系统调节性并重的电源转型。

二是将天然气作为过渡能源,动态调整天然气消费比重。

按照"西气东输、北气南下、海气登陆"的供气战略布局,我国要加快天然气管道及储气基础设施建设,构建主要生产区和消费区相互连通的全国天然气主干管网。我国要立足天然气规模化市场应用基础,实施天然气城市民生工程,以新增天然气优先保障居民生活和替代分散燃煤为导向,组织实施城镇居民用能清洁化计划。我国要稳步发展天然气交通运输,加快天然气加气站设施建设,以城市出租车、公交车为重点,积极有序发展液化天然气汽车和压缩天然气汽车。我国要充分利用天然气在布局上兼具集中式和分布式的特点，适度发展天然气发电，有序建设天然气调峰电站，结合热负荷需求促成燃气、蒸汽联合循环的热电联产。

三是以未来主要用能形式为关注点，推进工业、交通、建筑、生活等领域高度实现低碳电力供电的电气化。

我国要加快工业、交通等领域煤改气、煤改电的步伐，并进一步加强氢能源的技术研发和利用。我国要持续提高科技创新能力，发展高效电池、智能电网，大幅度提高能源效率。同时，我国要在能源体系外部布局负碳技术，通过配套CCUS、植树造林、恢复湿地等基于自然系统的举措增加碳汇[1]。

四是以未来主体能源为关注点，大力发展光电、风电、水电等可再生能源。

我国要坚持能源输出与就地消纳并重、集中式与分布式发展并举，加快发展可再生能源。我国要充分利用"三北"地区面积广大、荒漠广布、风沙较多、平均海拔高、日照充足、干旱少雨等特点，大力发展光伏发电项目，加强太阳能发电并网服务。我国要鼓励大型公共建筑、公用设施、工业园区等建设屋顶分布式光伏发电。我国要大力发展风电项目，重点谋划建设酒泉、内蒙古西部、内蒙古东部、冀北、吉林、黑龙江、山东、哈密、江苏9个大型现代风电基地及配套送出工程。在南部和中东部地区，我国要大力发展分散式风电，稳步发展海上风电。我国要充分发挥西南部

---

[1] 指森林吸引并储存二氧化碳的规模。

地区四川、云南、贵州省份的水利资源优势，加大雅鲁藏布江、怒江、金沙江、嘉陵江等重点水流的开发力度，因地制宜发展中小型电站，规划和建设抽水蓄能电站。我国还要积极探索发展地热能、生物质能和海洋能。

五是安全发展核电。在确保安全的前提下，我国适时在东部沿海地区启动新的核电项目，开展核能综合利用示范项目，积极推动建设高温气冷堆、快堆、模块化小型堆、海上浮动堆等先进堆型示范工程，推动核能在清洁供暖、工业供热、海水淡化等领域的综合利用。需要注意的是，由于核电站存在泄漏风险，普通人对"核"存在某种恐惧心理，所以核电站的选址要尽量避开"经济重镇"和"人口密集区"。

六是发展电制燃料产业。我国要利用富余风光发电量就地制成燃料、原材料，利用清洁电能电解水制氢作为燃料，或者利用氢气还原二氧化碳生成甲烷（天然气的主要成分）、甲醇等简单有机物，并进一步合成各种复杂烃类燃料和原材料。

七是推进能源领域的智慧化转型。通过推进数字技术应用，我国可以全面提升能源体系智能化水平。我国要对长期以来形成的石油、天然气、电力等相对独立的系统和技术体系进行优化整合，对能源产业进行整体性转型升级和结构性调整，打破传统电、热、气、水等"能源竖井"。我国要统筹利用全省水、电、煤、气、油等能源数据，建设统一接入、开放共享的能源大数据中心，全面消除能源行业的信息壁垒。我国要提高能源利用和转换效率，实现多能融合，促进整个产业链的协同发展，逐步形成产业价值网，提高能源优化配置能力，大力发展智慧交通、智慧物流、智慧家居，推动智慧能源城市的建设发展。

八是逐步提高可再生能源利用水平。我国要加强电源与电网统筹规划，努力提高调峰、调频、储能配套能力，切实解决弃风、弃水、弃光问题。

打赢"三大替代战役"

当下，全球新一轮能源变革和科技革命深度演变、方兴未艾，全力推动可再生能源发展已经成为全球能源转型和应对气候变化的重大战略和一致行动。中国能源问题的实质是能源储备和供应结构与能源消费结构不完全匹配，且两者矛盾仍在不断加深。中国推动能源变革转型，要以"四个革命、一个合作"[①]为指导，具体层面要以构建中国能源互联网为战略目标，打赢"生产清洁替代、配置智能替代、消费电气替代"三大战役，打造清洁低碳、安全高效的现代新能源体系，为推动经济高速发展，实现"两个一百年"奋斗目标和中华民族的伟大复兴提供坚实保障。

能源生产清洁替代

各国努力发展清洁能源是改善能源结构、保障能源安全、推进生态文明建设的重要任务。目前，清洁能源已基本具备加速成为主体能源的条件。因此，在能源生产层面，我国要稳妥有序地推进化石能源的新能源替代进

---

① "四个革命"是指推动能源消费革命，抑制不合理能源消费；推动能源供给革命，建立多元供应体系；推动能源技术革命，带动产业升级；推动能源体制革命，打通能源发展快车道。"一个合作"是指全方位加强国际合作，实现开放条件下的能源安全。

程，加快转变煤与煤电的功能定位，逐步推进煤炭减量，保证石油、天然气有序切换，实现逐步向清洁生产主导转变；我国要加快开发西部、北部清洁能源中心，因地制宜发展东部、中部分布式能源，改变目前以化石能源为主的能源结构。同时，我国要多措并举以推进高比例清洁能源安全稳定地介入电力系统，使化石能源由主力电源逐步转变为调节电源，更好地促进和支撑清洁能源的发展。

（1）转变煤与煤电的功能定位

随着"30·60目标"的提出，我国努力推动能源领域高质量可持续发展正在成为核心要求。我国为加快推动能源行业绿色、低碳、高效转型，首要之急是转变煤的功能定位。

一是转变煤的功能定位。

中华人民共和国成立以来，煤始终是我国的主要能源。改革开放后，中国的能源工业得到了快速发展，但是煤炭在一次能源消费结构中的比例一直在60%～75%徘徊。尽管近些年非化石能源快速发展，消费比例日益提升，但超一半的能源消费量依靠煤炭提供。

煤电是我国最大规模的电力来源，我国2019年全年的煤电占比高达70%，而世界平均水平仅为40%。随着"双碳"战略的推进与资源环境约束的加强，煤电正迎来前所未有的挑战。一是煤电是主要碳排放和污染源之一。随着"双碳"战略的推进，全球气候环境压力逐渐增大。在全社会二氧化碳、二氧化硫、氮氧化物的排放量中，煤电产生的排放占比分别为43%、14%、10%。二是煤电的经济性日益降低。近年来，煤电企业亏损范围持续扩大，全球能源互联网发展合作组织预测，在 2025 年前煤电发电成本将全面高于清洁能源，煤电将全面陷入亏损困境，近年来全球多国纷纷提出加速退出煤电计划。近 5 年，许多国家净新增煤电装机量持续下降，目前全球已有 30 多个国家先后出台退煤政策。三是煤炭资源日益枯竭，利用效率低于石油、天然气和电力等能源。

因此，我国要从思想观念和顶层设计上优化调整煤电功能定位，深入推进"上大压小"政策，对煤电机组进行灵活性改造，挖掘其调峰价值。近中期，大容量、高参数、低能耗的超临界、超超临界机组仍主要提供基荷服务，对部分小型落后机组进行灵活性改造，主要用来提供系统调峰服务；远期，将煤电转变为调节电源与应急备用电源，逐步推动煤电功能定位由基荷电源转变为调节电源，化石能源从主体能源走向保障能源，为可再生能源发展提供核心支撑。

二是逐步优化煤电布局。

我国的煤炭资源主要集中在中西部和北部地区，而煤电负荷中心主要在东部、中部地区，两者存在时空上的错配，这给我国煤炭运输造成了很大的压力。随着东部、中部产区濒临煤炭枯竭或者由于过度开发导致产能受限，我国煤炭开发中心正在进一步西移和北移。在此背景下，我国要加快优化煤电布局的脚步，严格控制东部、中部煤电装机规模，原则上不再新建煤电项目，在保障电力安全供应的前提下尽早尽快退出煤电，配合风电、光电、核能等能源大规模开发，新增电力需求主要由可再生能源提供或者区外送入来满足。

在西部、北部地区优化煤炭产能布局，适当新建煤电项目，完善山西、内蒙古西部、内蒙古东部、陕北、新疆五大煤炭供应保障基地，完善煤炭跨区域运输通道和集疏运体系，增强煤炭跨区域供应保障能力。同时有序推进山西、陕西、内蒙古、新疆、宁夏等西部、北部大型煤电基地集约高效开发，发挥特高压电网大范围资源配置作用，将煤电与风电、太阳能发电、水电一起输送至东部、中部负荷中心，加快清洁能源大规模开发与外送。

三是推进煤炭消费替代和转型升级。

能源安全事关国家发展的全局，对国家繁荣发展、人民生活改善、社会长治久安均至关重要。受到一次能源资源、产业结构和经济结构的约束，在未来一段时间内，煤炭和煤电仍是主力能源。在保障国家能源安全、产业链/供应链安全、粮食安全和群众正常生产生活的前提下，能源结构的调整要努力化解各类风险隐患，防止过度反应，稳妥有序、循序渐进地推进煤炭消费替代和转型升级，确保能源安全。

首先，我国要合理控制燃煤电厂的总规模，加强现有电厂设备的技术改造，加大现有煤电机组清洁化改造力度，淘汰低效小型火电机组，缩小煤电规模，加快落后产能退出步伐；其次，我国要合理控制火电装机规模，进一步加大发电设备的结构性调整力度，提高（超）临界机组、空冷机组等清洁高效发电机组的比例，增强火电调峰能力，完善电力市场辅助服务补偿与交易机制，引导煤电通过提供辅助服务盈利；最后，我国要严格控制新增煤电项目，要求新建机组煤耗标准达到国际先进水平，持续淘汰煤电落后产能，积极推进供热改造，推动煤电定位向基础保障性和系统调节性电源并重的转型。

（2）加快建成西部清洁能源中心

我国地大物博，清洁能源资源丰富，但地域广袤也造成了资源分布极不均衡的情况。在《迈向碳中和：中国未来转型路径与产业机遇》一书中，我们提出：东部、西部是中国腾飞的"双翼"，自古以来，"王中国者"均要向西北取势、向东南牟利。因此，东部、西部是中国的"金角"和"银边"。经济最发达的东部地区自古以来就是经济重镇，是名副其实的"金角"。历朝历代，中国的经济命脉基本系于东部。近几年，就GDP总量而言，东部地区一直占据着全国的"大半江山"。西部地区地域广袤，占了国土面积的近2/3，自然资源丰富，并且源远流长的诸多大江大河基本起源于西部，在碳达峰的战略下，其丰富的可再生能源资源和新能源产业发展潜力将使其成为重要腹地，所以西部地区是我国把握碳中和机遇、实现跨越式发展的"银边"。2022年6月1日，国家发展改革委、国家能源局等9部门联合印发的《"十四五"可再生能源发展规划》提出，在2030年非化石能源消费占比达到25%左右，风电、太阳能发电总装机容量达到12亿千瓦以上。未来，西部地区要加快资源优势向经济优势转变，构建西北清洁能源中心。

一是大力发展光电。

西北部地区太阳能和风能资源占比超过80%，太阳能年平均辐照强度超过1800千瓦时/平方米，是东部、中部地区的1.5倍。而且，西北地区地广人稀、开发成本低，适宜集中式、规模化开发，是保障我国清洁能源供应的重要基础。因此，我国要加快西北部地区集中式太阳能发电基地建设，重点建设青藏高原、甘肃、宁夏北部、新疆南部、内蒙古西部等资源丰富地区光伏发电基地，大幅度提升太阳能利用水平。还要抓好沙漠、戈壁、荒漠风电光伏基地建设，启动实施"追风逐日行动"，利用西北火电互补调节，促进风电光伏就近消纳。同时，通过特高压输电通道外送，推进太阳能发电更大范围消纳，为清洁能源发展开辟更大空间。

二是大力发展风电。

西北地区年平均风功率密度超过 200 瓦/平方米，是东部、中部地区的 4 倍。西部地区要优先就地就近开发利用，加快负荷中心及周边地区分散式风电和分布式光伏建设，以酒泉、内蒙古西部、内蒙古东部、冀北、吉林、黑龙江、山东、哈密、江苏 9 个千万千瓦级大型风电基地和若干个百万千瓦级风电基地为重点，加快西部、北部大型风电基地建设。同时，我国要推进以沙漠、戈壁、荒漠地区为重点的大型风电基地项目建设，积极推进黄河上游、新疆、冀北等地区多能互补清洁能源基地建设，并开启"风电扶贫""光伏扶贫"等"新型精准扶贫"模式，将高原、荒漠变成"风光电田"。

三是积极推进西南地区大型水电基地建设。

西南地区的云、贵、川、渝、藏 5 省（自治区、直辖市）的水能资源约占全国总量的 67%，要加快将金沙江上游、澜沧江上游、雅砻江中游、黄河上游等纳入规划，推动符合生态保护要求的大型水电项目建设，积极推进雅鲁藏布江下游水电开发，推动小水电绿色发展。同时，我国要加强西南部地区水电与西北部地区风电、太阳能发电协同互补。

(3)因地制宜发展东部分布式能源

东部地区人口密度大、经济发达、能源需求量大，是全国的用能负荷中心。但是，由于资源条件有限，东部地区能源自给率不高。长期以来，我国依靠西电东送、西气东输、北煤南运等能源大容量、长距离的转移解决能源供应和需求逆向分布的问题，同时，能源的大范围转移产生了高昂的费用。随着东部地区的快速发展，预计能源需求会进一步增长。

在能源技术日益提升、经济格局不断变化的新形势下，大力发展本地太阳能、风能等新能源将成为东部地区的必然选择。要满足东部地区未来的能源需求，需要坚持"身边取"和"远方来"两条腿走路。

正如在《迈向碳中和：中国未来转型路径与产业机遇》一书中所说的，我们认为两种形态的电网将组合成未来的绿色电力系统。一种是集中型的超级电网，这需要国家政府协调，用特高压技术实现跨区域、远距离、大规模输送，充分发挥光照和风能充裕地区的潜能。这是一个从上到下大规模的"国家超级电网"，主要满足大型生产、生活或社会公共服务的用能需求。另一种是分散型智能电网，这是一个将分布式光伏、储能电池、物联网、新能源智能终端充分连接的局域电网，也是一种从下到上的"人民电网"，主要解决人们的日常生活及出行问题，能有效满足小型生产需求和提供公共服务。分布式开发具有就地取能、分散灵活、靠近用电地区、建设周期短、投资见效快等特点，是"国家超级电网"的重要补充。在此设想下，东部地区主要存在以下几个主要任务。

一是因地制宜建设集中式电源。

在西部、北部构建可再生能源的大规模集中式开发体系的同时，要充分合理地布局分布式电源，使自上而下的"国家超级电网"与自下而上的"人民电网"相互配合。东部地区要充分利用东南沿海优势，稳步、安全地发展核电。同时，深入挖掘沿海风力资源，积极推动海上风电集群化开发，规模化配置集中式或分布式储能设施，同步提升沿海风电和小水电利用效率，以大幅缓解西电东送压力，促进经济发展和实现能源安全。

二是合理利用分布式电源。

在人口密度大、土地利用空间小的情景下，要有自我革命的意识，"见缝插针""精打细算"，在经济较发达的长江三角洲、珠江三角洲及相关沿海地区，大规模推广屋顶光伏系统及分散式风电系统。同时，要大力推进光伏建筑一体化（BIPV）的发展模式，合理利用屋顶和幕墙面积，更要有聚沙成塔、积少成多地实现能源自给的决心。合理利用大型建筑空间，如在机场、车站、学校、酒店、会议中心、商业综合体、工厂、家庭公寓的屋顶和幕墙上布局光伏，以及在高速公路和铁路两侧等公共空间布局光伏，再配以储能设施，深入开发本地资源，利用好每一寸土地、每一寸空间。在基础设施落后，难以方便、廉价地获得现代清洁能源的偏远农村地区，推动"农光互补""渔光互补""林光互补"等新能源扶贫项目，在农业领域基础设施中大力推广光伏建筑、分散式能源网络和生物质发电，为能源供应"最后一公里"和贫困地区的发展提供综合解决方案。

三是大力提升新能源消纳和储存能力。

能源消纳和储存能力对形成稳定的能源体系来说至关重要，因此，作为负荷中心的东部地区要积极提升分布式电源并网消纳能力和储存能力。

首先，要发挥工业发展基础好、科学技术发达、消费潜力大等优势，做好储存东部地区过剩产能和西部地区剩余能源的准备，平抑新能源的随机性和波动性；其次，运用大数据分析与能源管理服务，做好新能源发电功率预测与调度，探索建立分布式电源并网等相关标准，促进分布式电源消纳；最后，借助用户量大、市场成熟的特点，推动用户侧多能互补、综合利用，构建工商业园区及居民社区分布式智慧能源系统，促进电力、燃气、热力、储能及电动汽车等系统协调互补运行，实现集中式电源与分布式电源的融合，产生多能互补、梯级利用的示范作用。

（4）多措并举保障高比例清洁能源安全稳定接入

以火力为主体的发电、输电、配电系统，是一种强调"源随荷动"的传统模式，是具有确定性的可控连续电源；而以新能源为主体的新型电力系统，是一种"源—网—荷—储"的深度互动新模式，是具有不确定性的随机波动电源。由于光照、气候、降水等的波动，可再生能源（光电、风电、水电等）往往具有波动性大、随机性强、预测性难等特点，在可再生能源大规模、高比例接入的情况下，需要保证以电力为核心的新能源系统具有灵活性、稳定性和安全性等特点。因此，我国要多措并举，保障煤电退出、高比例清洁能源接入后电力系统的安全稳定运行。

一是加强顶层设计，实现"源—网—荷—储"互动运行，带动能源系统资源优化配置。

由于可再生能源的随机性，可再生能源往往存在"看天吃饭"的特性。清洁能源资源存在品种间、地域间互补的特性，时间差和季节差明显。例如，宁夏、甘肃、新疆风电最大出力时间分别为 4 月、7 月、12 月，而陕西、四川则在 1 月；新疆、甘肃、青海、西藏等地区光伏基地日内峰值有两小时以上的差异。而在用电需求上则呈现夏、冬"双峰"特性。近年来，"峰谷差"呈现出一定的扩大趋势，能源安全保障的难度逐渐加大。因此，要继续加快建成"源—网—荷—储"互动运行的电力系统，使电源、电网、负荷和储能之间实现源源互补、源网协调、网荷互动、网储互动和源荷互动等多种交互，从而更经济、高效、安全地提高电力系统功率动态平衡能力。"源—网—荷—储"互动和能源互联网的应用，可基于不同品种清洁能源时空互补特性，保证"水风光"等可再生能源整体出力更加平稳。

二是在生产侧实施火电机组灵活性、清洁化改造。

所谓煤电机组的灵活性改造是指提升燃煤电厂的运行灵活性，包括增强机组调峰能力、提升机组爬坡速度、缩短机组启停时间、实现热电解耦运行等，推动火电由主体电源转变为调节电源，由主角向配角的身份转变。此外，我国要提升化石能源发电（火电、气电）的 CCUS 基础配置，实现"化石能源电厂+CCUS"的标准化配置，达成大规模化石能源零碳排放目标，为清洁能源提供支撑。

三是在配置侧加快"新能源发电+储能电站"建设。

根据全球能源互联网发展合作组织的测算，我国东部、中部地区每退出 5000 万千瓦煤电，只需在当地增加 2500 万千瓦分布式光伏，在西部、北部增加 9000 万千瓦集中式风光发电，并配置一定规模的储能，利用特高压通道输送至东部、中部地区，即可取得与煤电相同的供电效果。因此，我国要加快储能电站建设，特别要采用风光储输联合运行模式，平滑新能源出力波动，参与调峰调频。一方面要实现"新能源发电+储能电站"的标准化配置，另一方面将具备灵活调节能力的气电和煤电作为补偿光电、风电间歇性出力的重要手段，以此平衡可再生能源发电的波动性，提供保障性电力，增强电网灵活性。

四是在需求侧提供智能负荷响应机制。

我国要大力开发基于人工智能及大数据分析的负荷响应机制，将电力需求转移到可再生能源丰富时段，降低峰值负荷、平缓净负荷曲线。例如，以电动汽车、电制燃料等灵活负荷快速增长为抓手，充分挖掘需求侧潜力，激活用电负荷"弹性"。同步强化基于大数据的电力供给、需求预测与管理。

五是提升系统整体调节能力。

我国要大力推动煤电机组灵活性改造，加快抽水蓄能电站建设，因地制宜配置新型储能方案，发电侧配置风光储工程、光热电站等短时储能方案，平抑新能源的随机性和波动性，提高系统调节能力。同时，加快技术和机制创新，挖掘需求侧用电负荷"弹性"。还要利用控制和通信技术管理电力消费，开发基于人工智能及大数据分析的负荷响应机制，实现"削峰填谷"，降低峰值负荷，从系统层面解决供需不匹配及弃风弃光等问题，加强电力系统的自治互信交易机制，实现"源—网—荷—储"的高效协同。

能源配置智能替代

我国幅员辽阔，区域间能源资源禀赋差异较大，能源资源供给与需求分布极不均衡。80%的煤炭、水能、风能、太阳能资源分布在西部、北部地区。例如，风光资源大部分分布在"三北"地区，水能资源主要集中在西南地区，而我国70%左右的电力消费集中在中东部地区。这种能源资源与负荷需求逆向分布的情况决定了东西部地区之间存在着较为明显的能源互补特性。

（1）构建东部、西部两大同步电网格局

我国能源供需逆向分布和清洁能源快速发展的基本国情决定了能源资源需要在全国范围内流通和配置。在此背景下，以电力为中心、以电网为媒介的电力系统就成了能源资源流通和配置的主要平台，必须按照"大基地、大电网、大市场"的方向，加快建设西部、北部大型清洁能源发电基地，实施"风光水火"一起外送，扩大"西电东送、北电南供"规模，实现清洁能源资源的集约、高效开发利用。

由于电力管理体制分割、输电技术水平不高等原因，目前我国基本上形成了基于行政区划的东北、华北、西北、西南（川、渝、藏）、华中、华东、南方七大区域电网格局，区域间相对独立，大多通过直流线路异步互联。

现有电网格局严重束缚了能源的有效配置。一是区域电网之间缺乏统筹、网间联系薄弱、资源配置能力有限。近年来，我国清洁能源发展不平衡、不充分的矛盾日益突显，清洁能源消纳问题突出，弃风、弃光、弃水等新能源问题频发，极大影响了西部和北部清洁能源开发。二是特高压"强直弱交"问题突出，特高压交流发展严重滞后，电网长期处于从超高压向特高压的过渡期，跨区电网联系薄弱，对大负荷、大波动、大事故的承载能力严重不足，存在很大的安全隐患。若要从根本上解决问题，必须建立大范围的电网，尤其要加快构建东、西两大同步电网格局。

一方面，在西部加强清洁能源基地的统筹开发和布局，加快构建西部交流同步电网。

我国要以现有的西南电网、西北电网和南方送端（云南）电网为基础，覆盖西南大型水电基地和西北大型风电、太阳能发电等新能源基地，推进送端电网互联互通，实现"风光水火"多类型能源资源时空差异互补、统一调节，降低弃风弃光率，实现平抑新能源波动，提高清洁能源利用效率，拓宽外送通道。

另一方面，以华北电网、华东电网、华中电网、东北电网和南方受端电网为基础构建东部交流同步电网。

将现有的东北—华北—华中"长链式"结构优化为东北—华北—华中—华东"团状"结构，一方面充分发挥互联电网强有力的紧急功率支援能力，另一方面提升抗风险、抗扰动能力，实现西部清洁能源大规模安全受入与高效消纳，提高电网整体安全稳定水平。我国要以京津冀及周边地区、长三角、粤港澳大湾区等为重点，布局一批局部电网，并逐步推广至省会城市、计划单列市，提升重点区域的电力应急供应能力和事故恢复能力。

东部、西部两大同步电网的构建将从根本上改变过度依赖输煤的能源发展方式和局部就地平衡的电力发展方式，实现能源结构和区域布局优化，既促进西部地区清洁能源资源大规模开发，又保证东部地区能源安全稳定供应。

（2）建成特高压骨干电力配置通道

国家能源局发布的《2019 年度全国可再生能源电力发展监测评价报告》显示，我国 20 条特高压线路年输送电量达到 4485 亿千瓦时，占东部、中部用电总需求的 9.2%，这表明特高压骨干网架在保障能源供给、优化资源配置、实现能源应急保障方面具有不可替代的作用。随着以清洁为主导、以电力为中心的能源系统形成，电网将成为能源配置的主要平台。

我国清洁能源资源主要集中在西部、北部地区。西部、北部地区分布着我国约 80% 的水能、风能、太阳能资源，但 2019 年发电量占比仅为 42%。在未来较长时间内，东部、中部地区仍是能源电力消费中心，我国人口、产业、经济将持续向该地区城市群集中，加之部分新兴战略性产业首先在东部、中部地区培育发展，以及传统产业由东向西转移的渐进性和有限性，在今后较长时间内，东部、中部用能需求在全国继续占有较高比例。未来我国能源资源与负荷逆向分布格局将更加突出，"西电东送""北电南供"格局进一步突显。因此，特高压骨干通道建设迫在眉睫。

"十三五"以来，我国基本建成"十二交十六直"特高压工程，形成华北、华东两个特高压交流电网，华北与华中通过特高压交流联网。"十四五"期间，特高压发展的重点是建成白鹤滩水电送出、陕北—武汉、雅中—江西、金上—湖北等特高压直流输电工程，满足西部电源基地送出需求。同时，在东部加快建成"三华"特高压同步电网，在西部加快建成川渝特高压交流主网架。2035 年前后，我国将形成东部、西部两个同步电网，建成珠三角特高压交流环网，与"三华"电网通过特高压交流联网，形成东部同步电网；建设西南特高压交流环网，与西北电网通过特高压交流联网，形成西部同步电网。2050年前后，我国将进一步加强东部、西部电网内部特高压交流网架建设，提高电网供电能力；加强东部、西部电网之间直流联网通道建设，扩大西电东送规模，满足东部负荷中心用电需求。

（3）加快全国统一的电力市场化建设

我国的能源资源与生产分布格局决定了能源必须在全国范围内优化配置。早在20世纪初，不少学者就提出过"全国电力市场"的概念。近些年，我国电力市场化交易方式不断丰富，市场规模不断扩大，8个电力现货试点市场陆续开展了长周期结算试运行，市场交易体系基本形成。2020年以来，国家陆续出台了一系列推进全国统一电力市场建设的政策文件。比如《关于推进电力交易机构独立规范运行的实施意见》明确提出，"加快统一电力市场建设，促进电力资源在更大范围优化配置"，并提出目标："2022年年底前，各地结合实际情况进一步规范完善市场框架、交易规则、交易品种等，京津冀、长三角、珠三角等地区的交易机构相互融合，适应区域经济一体化要求的电力市场初步形成。""2025年年底前，基本建成主体规范、功能完备、品种齐全、高效协同、全国统一的电力交易组织体系。"

目前，全国共设立了北京、广州两大区域性电力交易中心，以及33个省级电力交易中心，但是一些制约我国电力市场健康可持续发展的深层次、根本性、全局性问题仍未得到有效解决。随着"力争2030年前实现碳达峰，2060年前实现碳中和"战略的不断向前推进，我国将进一步加快形成全国统一电力交易市场。

全国统一电力交易市场的建立，一方面要坚持"市场运作"原则，即通过市场化的方式充分实现电力资源在大范围内自由流通和优化配置，尤其是以可再生能源为切入点，打破当前跨省跨区交易计划壁垒，构建完整的省间交易体系，形成透明、独立、公允的输配电价格机制，充分促进新能源的发展；另一方面要坚持"三级统筹"，坚持国家统筹、区域协调、省级平衡部署，国家级市场运作主要负责落实国家重大能源发展战略、促进清洁能源在全国范围内充分消纳，区域市场运作主要打破省间壁垒、满足电力资源在区域内优化配置需求，省级市场运作主要保障省内资源优化配置、电力电量供需平衡和安全供电秩序。

统一电力市场体系的建设能大大激发市场主体活力，通过市场化手段实现全网电力余缺互济，促进清洁能源大范围消纳，推动构建以新能源为主体的新型电力系统和清洁、低碳、安全、高效的能源体系，同时有利于打破化石能源行政区域局域网，改革电力管理割裂体制，为实现全国统一的数字电网、能源互联网智能配置奠定基础。

（4）统筹各级电网协调发展

现阶段，我国配电网自动化、信息化、智能化水平落后于发达国家。随着我国经济社会的发展，光伏一体化建筑、分布式电源、新能源汽车、储能、智能电表、智能家居等新型设备和智能负荷将会大量接入配电网。届时，配电网将面临潮流双向流动、负荷双重角色、电压波动加大等新挑战，配电网的功能和形态将发生显著变化。因此，我国可以从以下几个方面统筹各级电网的协调发展。

一是提高配电网的可靠性。

我国要加快提升配电网供电安全性、经济性、适应性，加快转变配电网单一供电功能，构建可靠性高、互动友好、经济高效的一流现代化配电网。

二是提升电力系统智能化水平。

电源层面，大力推广可再生能源发电并网主动支撑、规模化储能设计与管理等技术，大幅提升可再生能源并网的友好性与安全性，满足高比例可再生能源接入与消纳需求。输电网层面，重点推广柔性直流电网、半波长等新型输电技术，以及大电网安全稳定控制和智能调度技术，提升电网资源配置效率、安全性和灵活性，提高大容量、远距离跨区输电能力和大电网抵御故障水平。配电网层面，全面提高配电网智能互动水平，促进分布式能源泛在接入、电动汽车、储能、智能家居等广泛应用，建立面向智慧城市的智慧能源综合体系，打通包含能源生产、传输、消费及存储的"源—网—荷—储"业务链条，实现"源—网—荷—储"的协调发展。

三是提升终端的调峰能力。

我国要加快推进终端用能的分布式能源、储能电池、物联网、新能源智能终端的有机建设，通过新能源汽车、储能、智能电表、智能家居等新型设备和智能负荷来大力推进终端用能的智能化、集成化、数字化建设。同时，保证一定量的火电、气电调峰能力，尤其要保证一定的气电规模。气电具有调峰能力强、升降负荷快、受限制条件少等特点，是理想的调峰电源。

能源消费电气替代

从人类发展历程来看，能源替代一直贯穿其中，尤其是当发生重大技术变革，经济可行且适应新能源品种的基础设施得以基本建立时，能源的替代速度会加快。人类历史上经历过煤炭替代柴薪，石油、天然气替代煤炭的进程，目前正在逐步进入新能源替代化石能源的新阶段。

当下，世界正在转向一个电气化的、以可再生能源为主的能源系统。预计2050年全球80%左右的电力消费来自可再生能源，电力将在未来世界中扮演着越来越重要的角色，对于越来越多的国家、企业、家庭来说，电力有望成为日常生产、生活需求依赖的主要能源。因此，电力的可靠性和可负担性变得更加重要。尽管能源品种多样、形态各异，特性也各不相同，但是在最终用途上存在共性，即能源给人类社会提供的能量主要以动力、热能和光能等形式输出。因此，能源品种之间存在着相互替代的底层基础。

从能源供应侧来看，随着科学技术的发展与进步，燃煤发电技术逐步提高，太阳能、风能、生物质能等可再生能源发电技术逐渐提升且基本已经实现规模化应用。从能源消费侧来看，用电设备得以大规模推广，用电技术、效率持续提高，储能、动力电池等相关技术正在突破，并实现了商业化的成功应用。在国家能源安全战略层面，无论是从全球煤炭、石油、天然气等化石能源的发展趋势，还是从我国面临的化石能源枯竭的现实挑战来看，实施电能替代是能源安全的必然选择，也是能源独立的必经之路。从环境约束来看，日益严峻的环境压力和全球气候变暖趋势都要求社会提高能源效率、降低能源强度,而最有效的途径之一就是实施电能替代,走全面电气化的道路。从实际情况来看,这也是全球发展趋势,因此我国实施能源消费电气化是极为关键的战略举措。

(1)实施终端电气化替代

电能是利用效率和经济效率最高的能源品种。无论是从经济效益还是从提高能源消费品质的角度出发,我国实施"电能替代",实现充分电气化,在能源消费侧以电能消费替代煤炭、石油和天然气消费,形成以电为中心的能源消费格局,对实现能源独立和"碳达峰、碳中和"都至关重要。我国实现充分电气化,具有以下几个方面的重大意义。

一是立足我国能源资源禀赋的现实需要。

我国是世界第一人口大国、第二大经济体、汽车保有量世界第一,人口基数和经济体量决定了我国能源消费体量大。在自然资源禀赋层面,我国的能源矿产储量主要为煤炭、石油和天然气。2020年,三者的储产比分别为42.3年、18.56年和32.6年。也就是说,在21世纪40—60年代,我国的化石能源将被逐渐消耗殆尽。"能源不清洁""能源不独立"的弊病日益突显。我国以自主生产的清洁电能替代化石能源,加大清洁电能开发,大力推进电气化替代,一方面可以摆脱对化石能源的依赖,摆脱日益枯竭的能源之困,另一方面是保障能源安全、实现能源独立的治本之策。

二是保障国家能源安全的需要。

2020年,我国的石油消费总量为7亿吨左右,而产量不足2亿吨,石油进口量在 5 亿吨左右；我国的天然气消费总量为 3300 亿立方米，而我国产量不足 2000 亿立方米，有将近 1400 亿立方米的缺口。因此，2020 年我国石油、天然气对外依存度分别为 71%和 42%，在此背景下，我国能源自主供应能力不足，特别是现阶段以化石能源为主的能源结构与日益紧缺的化石能源之间的矛盾日益加剧。因此，我国加快电气化替代进程，可以解决过度依赖进口油气资源问题，最终减少终端油气消费，努力摆脱对进口油气资源的依赖，进一步掌握能源安全主动权。

三是顺应全球绿色低碳发展的需要。

从能源利用效率的角度来看，电气设备能源利用效率远高于直接燃煤和燃油，电能的利用效率是石油的 3.2 倍、煤炭的 17.3 倍，电能替代能有效提高能源利用效率。从全球发展趋势来看，2018 年全球电气化水平，也就是电能占终端能源消费的比重约为 19%，我国为 25.5%。根据 IEA 发布的《中国能源体系碳中和路线图》报告，在基于中国"双碳"目标构建的"承诺目标情景"中，到 2060 年终端用能和低碳燃料生产的电气化将贡献 13%的碳减排量。2060 年 25%的碳减排量来自电气化的贡献。综合考虑气候环境约束、经济性等国家，加快推动交通、工业、农业等领域以电代煤、以电代油、以电代气，也是世界绿色低碳发展的要求。

四是突破资源环境约束的需要。

近年来，尽管用能效率持续提升，但是"杰文斯悖论"所述的"困境"仍在：社会和科技进步虽然可以提高煤炭等能源的利用效率，但效率的提高会反过来刺激生产规模的扩大，对自然资源的消耗将不减反增。

随着经济的发展，社会用能需求持续提升。在一段时间内，化石能源仍会占据一定的份额，而使用化石能源产生的温室气体在大气中累积，形成了全球性的、长期性的和不确定性的气候问题。但是，化石能源使用造成的气候变化与其他环境问题（如污染）又具有截然不同的特性。二氧化碳不是污染物，我们也不可能用处理污染物的方式来应对。可以预测，巨大的二氧化碳存量及不断叠加的碳增量还会在一段时间内加剧地球与人类的生存危机。美国学者里夫金认为，"这才是真正的经济危机"，比尔·盖茨甚至将其称为"气候灾难"。在全球气候问题不断严重的情况下，碳排放问题也成为能源供应能力提升的重要约束因素。电气化的替代进程能大大地减少碳排放量，有效减缓气候变化情况。

（2）工业领域电气化

随着我国工业化进程的不断推进，工业用能将持续攀升。我国提高工业电气化水平可以促进工业生产结构的改变和升级，促进工业自动化水平的提高和工业能源的高效利用，带动整体工业效率的提高，减少环境污染，促进我国新型工业化发展。从理论上讲，工业领域除了金属冶炼发生化学反应的氧化还原过程，其他用能环节均可用电能替代。例如，在挪威的工业领域中，除了水泥、钢铁、塑料等行业，基本实现了电气化。我国推进工业领域的电气化，可以从以下三个方面着手。

一是以工业智能化促进电气化。

目前，工业已经进入 4.0 时代。按已有的共识区分，工业 1.0 指蒸汽机时代，工业 2.0 指电气化时代，工业 3.0 指信息化时代，工业 4.0 则是利用信息化技术促进产业变革的时代，即智能化时代。电气化的建设与工业智能化的进阶是相辅相成的，电气化是智能化的基础，智能化能带动电气化的升级。随着智能工厂、智能生产、智能物流的发展，以云计算、大数据、物联网、移动互联网、人工智能为代表的新一代信息技术得到广泛应用，在促进能源效率提升和电力系统安全稳定运行的同时，极大地推动了产业结构调整。随着新一代信息技术在传统产业中的应用越来越广泛，以及智能化基础设施建设的增加，电气化的地位将越来越突出，这不仅能改变传统电网的运行状态和控制模式，还能有效提升电能在终端能源消费中的比重，进而推动工业领域迈向新的台阶。

二是提高主要领域的电气化水平。

电气化水平与经济社会发展呈现正相关性，电力的广泛应用能有效提升工业生产效率。从行业来看，制造业中的钢铁、建材、设备制造、电子制造、橡胶、医药、纺织等行业均有一定的电能替代潜力，其中钢铁、建材、设备制造、电子制造等是工业电能替代的重点行业。我国要推动工业领域对电锅炉、电窑炉、电动力等的应用，加强与落后产能置换的衔接。钢铁行业主要通过大力发展电炉钢对炼钢环节进行优化调整，从而优化钢铁行业的能源消费结构。建材行业要发展电窑炉，通过在陶瓷和玻璃行业推广与使用电加热窑炉，提高工艺操作的安全性、稳定性和产品的质量。在轻工业中要加大蓄热电锅炉建设力度，如在纺织、造纸、食品等行业的烘干、加热、蒸煮等环节，可以通过蓄热电锅炉替代燃煤、燃油锅炉，实现能源消费的安全、经济和环保，提高我国工业领域的电气化水平。

三是提高工业主要环节的电气化水平。

电能在热力和动力方面有着明显的优势。目前，电加热、固定式电动机的经济性显著优于化石能源加热与机械，而且移动式电动机已逐步推广。以加热为例，电加热是目前对金属材料加热效率最高、速度最快、低耗节能的环保型感应加热技术。与一般燃料加热方式相比，电加热可获得较高温度（如电弧加热温度可达 3000℃以上），易于实现温度的自动控制和远距离控制，热效率高，升温速度快，并可根据加热的工艺要求实现整体均匀加热或局部加热，也比较容易实现真空加热和控制加热。

（3）交通领域电气化

交通运输业是第三产业中能耗较高的行业之一。中国公安部交通管理局发布的数据显示，截至 2021 年年底，中国机动车保有量达到 3.93 亿辆，其中汽车突破了 3 亿辆；全国驾驶人数量达到 4.79 亿，超过世界第三人口大国美国的总人口数（约为 3.33 亿），而且我国的汽车保有量仍处于快速增长阶段，据有关学者预计，中国在未来 5 年内还将新增机动车约 1 亿辆。2019 年，我国交通运输、仓储和邮政业的能源消费总量高达 4.4 亿吨标准煤，占能源消费总量的 9.01%，其中八九成为油品消费。需要注意的是，在 1990 年，我国交通运输、仓储和邮政业的能源消费总量和能源消费占比分别为 0.45 亿吨标准煤和 4.6%。也就是说，交通领域能源消费总量在 30 年间提升了 10 倍，占能源消费总量的比重增加了一倍。其中，货车、私家车和公共汽车等作为主要交通设备，能耗量最大，占据了全年交通运输领域总能耗的 70%左右。

第四章 中国能源转型之路

未来一段时间，随着我国经济和人们生活水平的持续提升，预计交通运输业将保持一定速度的增长，交通运输业能源消耗也将持续增长。2020年，我国石油消费量约为6.66亿吨、进口量约为5.4亿吨，交通运输业石油使用量将近5亿吨，即我国的石油八成依赖进口，而石油消费量的四分之三用于汽车消费。换句话说，也许只要交通运输业能够摆脱能源的对外依赖，我国就能摆脱能源进口依赖。因此，交通运输业要从以下几个方面加快电气化进程。

一是加快交通运输业电能替代，形成多元支撑体系。

我国要改变交通运输业能源使用结构，降低汽油、柴油、煤油在能源消费总量中所占的比例，适时限制汽油、柴油车生产销售，加大可再生能源、清洁能源在交通运输业中的应用力度，提升新能源在能源消费总量中所占的比例，实现新能源替代。还要积极推广新能源汽车、燃料电池汽车，推进无轨电车及电力公路的普及，提高新能源普及率和出行分担率。同时，我国要完善电动汽车充换电标准和充电设施建设规划，加快建成城际充换电服务网络，因地制宜开展城乡充电设施建设，满足电动汽车发展需求，实现交通用能从"一油独大"向"电力为主、多元支撑"的转变。

二是大力推广电动汽车。

电动汽车是汽车工业未来发展的重要方向，也是我国汽车产业发展的重点。电动汽车的发展体现的是能源消费方式的深刻变革，而推广电动汽车是实现交通行业"以电代油"的重要举措。

随着未来电动汽车各项技术的成熟、生产成本的降低、配套政策和设施的逐步完善，以及市场接受程度的逐步提高，电动汽车运行成本低、高效环保的优势将充分体现。很多国家和地区制定了电动汽车产业发展战略，并出台了一系列配套扶持政策。

三是积极拥抱智能化。

我国要加快推动交通运输业与5G、云计算、大数据、人工智能和区块链等新一代信息技术的深度融合，不断提高交通运输业的智能化水平，在充分掌握客流、货流、路况、线路等数据信息的情况下，实现智能化调度，采取"点对点"运送模式，有效解决因市区平均车速低及城市交通拥堵所带来的多余能源消耗和二氧化碳排放问题。

四是加快铁路、轨道、口岸电气化建设步伐。

我国要大力发展电气化铁路、城市轨道交通，加强沿海、沿江、沿海港口岸电利用，积极解决远距离供电、船舶移动储能利用等技术难题。

五是大力发展智慧物流。

我国要大力推进万物互联、协同共享，增加云计算、大数据、物联网、智能终端等互联网基础设施投入，构建"通道+枢纽+网络"物流体系，全面发展智慧物流，力争实现物流各环节精细化、动态化、可视化管理，在提升物流运作效率的同时，尽量降低物流行业的能耗与碳排放，积极构建以低能耗、低碳排放为特征的现代综合交通体系。

（4）城乡居民用能电气化

随着经济结构的调整、城镇化水平的提高及乡村振兴的深入推进，未来人们的生活水平将不断改善，第三产业和城乡居民的能源消费将有较大幅度的增长。我国积极推动城乡居民的电能替代，增加电能等清洁能源消费在能源消费中的比重，不仅可以调整和优化能源消费结构，还可以更好地改善城乡居民的生活条件、提高生活质量。城乡居民用能电气化可以从以下几个方面着手。

一是推进商业领域和生活领域电能替代。

我国要加大商业领域和生活领域电炊具、电加热等设备的推广力度。例如，积极推动机关事业单位、学校、餐饮店、商场等场所煤、气替代进程，逐步实现公共服务领域以电代煤、以电代气；逐步以电炊具、电锅炉、热泵等替代城镇居民的传统用具，普及节电智能家用电器，尤其是提高农村居民空调、微波炉、电磁炉、电热水器等家用电器拥有量，促进居民生活便利化和清洁化。

二是推进家居电气化。

随着经济社会的快速发展和人们生活水平的不断提高，人们对生活品质的追求越来越高。厨房电气化、洁卫电气化乃至整个家居电气化成为重要发展趋势，比如美国厨房用能的65%来自电能。同时，在居民生活用能中，电能清洁、高效、安全、可控、便利等优点日益突显，同燃煤和燃气用具相比，电磁炉等电炊具的终端利用效率可达90%以上，而且电磁炉热效率高、污染小、安全可靠、易于维护控制。因此，我国积极推进家居电气化，可以提高电能在居民生活用能中的比重，优化居民用能结构。

三是加强农村电力保障。

我国要提升农村电力供应保障能力，保证农村电气化水平的提高和"户户通电"工程的落实，积极推进农村电网建设与改造，实施新农村电气化建设工程，进一步提升农村电网保障能力。还要积极推广农业生产、农民生活领域电驱动器具，提升农村电气化水平，尤其要以农村电气化改造为突破口，加大北方地区清洁取暖工作推进力度，提升清洁能源供热能力，发挥电供暖示范作用。

实现"四个突破"

近年来，清洁、低碳、安全的能源体系建设逐渐成为全球共识，国际社会不断出台推动能源清洁、低碳化的政策。中国能源变革转型，除了要打赢"生产清洁替代、配置智能替代、消费电气替代"三大战役，还要实现"能源互联网、能源市场、能源科技、能源外交"的突破，只有这样才能形成立体、安全、可靠的能源体系。

能源互联网的突破

当下，能源系统加速变革。能源产品"电力"具有标准化产品的属性，加之我国能源供需逆向分布和清洁能源快速发展的基本国情，决定了能源资源需要在全国范围内流通和配置。在此背景下，以电力为中心、以电网为媒介的电力系统就成了能源资源流通和配置的主要平台，必须符合"大基地、大电网、大市场"的发展方向。另外，能源系统分散化、扁平化、去中心化的特征日益明显，分布式能源快速发展，能源生产逐步向集中式与分散式并重转变，系统模式由以"大基地、大网络"为主逐步向微电网、智能微网并行转变。

前文提到过，我国未来绿色电力系统将呈现两种形态相组合的状态：集中型的国家超级电网+分布式的人民电网。不管是哪一种形态都需要实现能源产业与信息技术的深度融合，甚至建成能源互联网。能源互联网是指通过新能源技术和信息技术的深入结合，将大量由分布式能量采集装置、分布式能量储存装置和各种类型负载构成的新型电力网络、石油网络、天然气网络等能源节点互联起来，以实现能量双向流动的能量对等交换与共享网络，这是一种新的能源利用体系。全新的能源互联网将具有以下特征。

一是以多能互联为基础功能。能源互联网将以化石能源为基础，推进太阳能、风能、生物质能等可再生能源的大规模、高比例并网，实现"源—网—荷—储"有机互联、深度融合，建立智能化的多能源协同发电（供电）系统。

二是以先进的信息技术为实现基础。能源互联网的成功实现要通过互联网、信息技术、大数据和云计算，将多能源发电系统、电网及用电侧高耗能产业等进行集成创新，在能源互联网上深度融合，建成具有自调节功能的智能化、多能源协同供电和用电平衡系统。

三是以物联网为底层架构。能源互联网将采用先进的传感器、控制器和软件应用程序,将数以亿计的能源生产端、能源传输端、能源消费端的设备、机器、系统连接起来,形成物联基础。

四是以数字化为配置基础。能源互联网将以大数据分析、机器学习和预测为重要支撑,通过整合运行数据、电网数据、电力市场数据等进行大数据分析、负荷预测、发电预测、机器学习,提升能源生产端和能源消费端的运作效率,需求和供应将双向互动,随时进行动态调整。

五是以产业互联为应用终端特征。能源互联网不仅能实现多能源之间的互联,达到智能化协同发电的目的。更重要的是,在产业能源互联网体系中,能源互联网能在应用端实现能源协同供电与用能产业之间的互联,实现多能源协同电力供给与用能产业电力需求之间的耦合和动态平衡。

六是以全域为调控特征,实现全国性的用能平衡。通过构建全国性、国际性能源互联网,在国家重大战略需求框架下进行耦合,可以在全国范围内系统解决电网调峰、能源结构、产业结构问题,在多能源协同的电力供给侧与以高耗能产业为主的电力需求侧之间实现动态平衡,甚至在国际层面形成有效用能输出。

七是以超大型蓄电池为补充。能源互联网通过多能源协同供电系统,在高负荷、高电价时"减少负荷",在低负荷、低电价时"增大负荷",从而有利于增产、降低成本,这样无疑能实现调峰、蓄电功能,起到与我国大电网配套调峰的超大型蓄电池作用。

八是以低碳、高效为用能特征。在供能侧,能源互联网本身就是光电、风电、水电、生物电与传统电网的集成,能为经济发展提供清洁的智慧能源和清洁的加工材料；在用能侧，能源互联网通过需求侧管理为电网进行深度调峰，高效化的集成与智能化的调配将进一步促进能源使用的低碳化与高效化。诺贝尔物理学奖获得者朱棣文曾说，若人类发明了与光伏（电网）相配套的大型蓄电池，将颠覆人类经济结构和发展方式。而能源互联网对于促进能源的优化配置、提升能源的利用效率、提供综合开放的能源服务、保障能源系统安全稳定运行、推动战略性新兴产业发展等目标的实现具有重要意义。

作为我国重要的能源输送和配置平台，能源互联网从投资建设到生产运营的全过程，将对国民经济、能源生产、能源利用和商业模式等产生巨大影响。

首先，能源互联网将颠覆化石能源的发展模式。

"能源竖井"与体制的割裂将被完全打破，煤炭、石油、天然气的单一发展模式将成为历史，"头痛医头，脚痛医脚"的发展观将被"大能源观"所替代。所谓的"大能源观"是指坚持系统论的方法，以可持续发展为理念，通过全局、开放、协调、普遍联系的视角，统筹考虑国际、国内能源格局，统筹煤、电、水、油、气、核等各种能源的开发利用，统筹能源生产、输送、消费，最终实现多能源协同发展，发挥各种能源的优势，并逐步构建智慧能源体系。

其次，能源互联网将颠覆全球传统的电网结构。

传统电网是一个刚性系统，电源的接入与退出、电能量的传输等都缺乏弹性，并且由于受到短路容量、电磁环网等因素的限制，其被迫采用"闭环设计、开环运行"的模式。电网中的潮流（电力系统中各节点的电压、功率的稳态分布）随网络结构参数及负荷需求自然分布，只有通过开关操作的网络重构才能在一定程度上改变潮流分布，致使电网缺乏动态柔性及可组性。系统自愈、自恢复能力完全依赖实体冗余；对客户的服务简单，信息方向单一，系统存在诸多"信息孤岛"，缺乏信息共享。近年来，虽然系统局部的自动化程度在不断提高，但信息的不完善和共享能力的薄弱导致系统中的多个自动化系统是割裂的、局部的、孤立的。智能电网则将刚性电网转变为柔性智能电网，从传统的发电侧服从用电侧转变为用电侧服从发电侧，通过统一接入、开放共享的能源大数据中心全面消除能源行业的信息壁垒，实现能源系统的智能化、一体化配置。

再次，能源互联网将颠覆化石能源供给机制、改变传统供给关系。

由于化石能源只在特定的地区出产，其生产和运输及化石经济的运行都需要巨大的前期投入，因此，必须以政府动员为基础，通过垄断式的集中化管理来组织生产，从而产生集中式的财团和财富，形成层级结构。各国为了保持生存与发展的领先优势，往往需要投入巨额资金，形成复杂的经济利益链条和地缘政治网络，以维持化石能源秩序。因此，化石能源的经济结构和政治结构是从上到下的集中式"金字塔形"层级结构。而能源互联网通过对分布式能量采集装置、分布式能量储存装置和各种类型负载的连接，将对传统的"能源金字塔"造成前所未有的冲击。在新能源技术的催生下，社会将会需要越来越多的能源，而每个人都能将其采集的能源卖到互联互通的能源平台上，就像农民和农贸公司将白菜卖到农贸市场、出口到全世界一样。届时会出现一个类似亚马逊、淘宝、京东的大型平台，这个大型平台能有效地解决"能源买家"与"能源卖家"的供需平衡问题。那时，"金字塔形"的化石能源基座将被瓦解，一个以分布式、民主式为特征的"大众"能源基座将会被建立起来。

最后，能源互联网将形成新产业、新商业模式。

能源互联网的发展将极大地推动电力向智能化方向发展，促进电力发展实现新的跨越，与智能电网相关的新能源技术产业，新能源、新材料等高新技术产业，以及物联网、电动汽车等新兴产业将迎来新的发展机遇。同时，在能源互联网背景下，传统的"高耗能产业"，如火力发电、清洁煤化工、电解铝、制氢、海水淡化等，将实现结构优化、节能减排、绿色发展、智能化跨越。能源互联网将根据高耗能产业需求，个性化地实现高耗能产业动态调整。从这个层面来说，高耗能产业可能摇身一变成为智能产业，变成"大型蓄电池"。

近年来，世界各主要发达国家纷纷将发展能源互联网作为抢占未来低碳经济制高点的重要战略措施，并掀起了一场全球范围的建设热潮，能源互联网的深入推进也正在孕育新一轮的发展机遇。我国要加强能源互联网的建设，主要可以从以下四个方面着手。

一是加快能源互联网顶层设计与建设。

我国要以信息化、自动化、互动化为导向，集成现代通信信息技术、自动控制技术、决策支持技术与先进电力技术，持续推进新能源技术和信息技术深入结合，基于可再生能源的分布式、开放共享的网络，构建以特高压电网为骨干网架、各级电网协调发展的全国性能源互联网，覆盖各个电压等级和电源接入、输电、变电、配电、用电和调度各个环节。我国要提高各类电源和用电设施灵活接入与退出的适应性，实现与用户的友好互动，提升智能响应和系统自愈能力，转变过度依赖输煤的能源发展方式和局部平衡的电力发展方式，建成安全可靠性和运行效率双高的新型现代化电网。

二是加强能源互联网的信息化建设。

信息化建设既是能源互联网的重要支撑，也是能源互联网智能化、自动化、互动化的基础。信息化建设的重点是大力推进现代通信、互联网、大数据、云计算等技术与能源网络的融合，以卫星定位、智能监测与先进巡检技术为手段，持续深化发电、输电、变电、配电、用电和调度环节的数据采集、传输、存储和利用，形成包含全部业务链条的信息系统，实现全网资源的优化配置、高效利用和风险的全面控制，全面提高人与应用系统之间、电网环节之间、各业务之间、各利益相关方之间的互动水平，提高电网的智能分析和科学决策水平，最终利用能源互联网把供电、储能、用电基础设施和设备连接成统一的有机体。

三是加强对化石能源网络系统的整合。

能源互联网的建设要求对长期以来形成的石油、天然气、电力等相对独立的系统和技术体系进行优化整合，对能源产业进行整体性转型升级和结构性调整，打破传统电、热、气、水等"能源竖井"。还要求加快建设统一接入、开放共享的能源大数据中心，推动水、电、煤、气、油等能源领域数据相融合,全面消除能源行业的信息壁垒,形成广泛互联、融合开放的能源互联网,并通过统一的能源互联网智能配置系统实现智能化、一体化配置。

四是持续提升电力系统各端的智能化水平。

电源方面,强化网厂协调,以现有电网为基础,加快能源基础设施智能化改造,推进现有电网的迭代升级,大力推进可再生能源发电并网,持续提高可再生能源并网规模和比例。同时,以提升可再生能源并网的友好性与安全性为导向,积极推广新能源发电并网主动支撑、规模化储能设计与管理等能源技术,解决高比例可再生能源发电系统强随机、弱支撑、低抗扰等问题,满足高比例可再生能源接入与消纳的需求。

在输电网方面,要建立可再生能源发电"源—储—荷—网"电气网络系统,加快推广柔性直流电网、半波长等新型输电技术,以及大电网安全稳定控制和智能调度技术,提高大容量、远距离、跨区域输电能力和大电网抵御故障能力。

在配电网方面,要全面提高配电网的智能互动水平,促进分布式能源泛在接入、电动汽车、储能、智能电表、智能家居等广泛应用,构建面向智慧城市、智慧园区、智慧工厂、智慧家庭的智慧能源综合体系。

能源市场的突破

能源产业作为社会基础,是国家发展的命脉之一。能源与国家安全、产业布局、经济发展和人们的生活密切相关,而能源的可持续发展离不开市场这个"指挥棒"。与传统意义上的商品市场相比,能源市场具有基础性、战略性和复杂性等特征,事关国家安全和整个经济社会的发展。因此,无论是发达国家还是发展中国家,对待能源市场化改革都要持积极、审慎的态度。

我国的基本经济制度、经济发展要求、能源资源禀赋,以及各国能源市场化建设的经验教训,决定了我国要建立具有中国特色的能源市场。

近年来,能源系统形态加速迭代演进,分散化、扁平化、去中心化的趋势日益明显,化石能源生产和消费之间的界限逐步被打破,为可再生能源营造了更加开放多元的发展环境。这就意味着,能源市场化建设必须坚持从我国国情出发,立足实际,面向未来,以坚持市场化改革为方向,以促进中国能源战略转型和可持续发展为出发点,以构建市场配置与宏观调控有机结合、科学高效的能源运行机制为关键,以保障国家能源安全、提高能源利用效率、改进能源服务质量、共享能源发展成果为导向,以为我国现代化建设提供可持续的能源支撑为目标。因此,我国加强能源市场建设可以从以下几个方面着手。

(1)加快构建全国电力市场

我国建设有效竞争的市场架构和市场体系,是推动能源供给、消费革命的基础和保障。我国要坚持统一规划设计、统一建设运营的原则,打破省间壁垒,建设全国电力市场,实现电力资源在全国范围内自由交易,以市场化的方式促进电力企业的优胜劣汰。

现阶段,一方面,我国要重点建设"国家—省"两级市场。国家电力市场以跨区跨省电能市场为主，随着条件逐步具备，开展电力期货和电力场外衍生品交易；省电力市场以省内电能市场为主。另一方面，我国要重点建立多种类型的中长期省间交易机制，完善省间辅助服务补偿和交易机制，充分利用通道空间和受端调峰资源，不断促进清洁能源跨省交易。

中长期，一方面，国家电力市场与省电力市场要在各有侧重的基础上有效衔接、逐步融合，形成全国统一电力市场，实现资源大范围的有效配置、高效运作；另一方面，我国要逐步构建包括中长期市场和现货市场在内的全国电力市场体系，使清洁能源与火电可以在实时市场参与竞价，推动清洁能源优先消纳。

（2）以能源互联网为统领，谋划"大能源资产市场"

《"十四五"可再生能源发展规划》提出要坚持多元迭代。我国要优化发展方式，坚持集中式与分布式并举、陆上与海上并举、就地消纳与外送消纳并举、单品种开发与多品种互补并举、单一场景与综合场景并举，构建可再生能源多能互补、因地制宜、多元迭代发展新局面。在落地实施层面，我国完全可以依托能源互联网平台，以电力市场为统筹，形成统一设计、统一规则、统一运营的"大能源资产市场"。近期，我国要以电力市场为中心，以"双碳"为目标，统筹各类能源资产的全生命周期管理，通过"大能源资产市场"有效整合产业链上下游各方，形成供需互动和交易，实时匹配供需信息，整合分散需求，建立能源交易和需求响应机制，逐步形成多跨场景的能源互联网市场机制。中长期，我国要积极推动光伏建筑、微型发电机体、分散式能源网络、光储充一体化充电桩、插电式和生物电池交通工具、无碳物流和供应链管理、光伏农牧渔业与市政网络等的广泛应用,形成"大能源资产市场"和多跨场景。

(3)积极推进能源统一市场与碳市场的耦合

在"双碳"目标背景下,碳市场是通过市场化方式控制和减少碳排放的重要媒介,对于推动经济社会绿色低碳发展意义重大。在碳排放总量中,有90%以上的碳排放来自能源活动。从这个意义上说,推进能源统一市场与碳市场的耦合能有效形成"能源生产—能源配置—能源使用—能源活动—碳排放管理"闭环。近期,我国要重点优化电力市场与碳市场规则,消除市场壁垒,提高市场效率;中远期,我国要逐步推动能源市场和碳市场的管理机构、参与主体、交易产品、市场机制等要素的深度融合。

在发电侧,要根据我国"30·60目标"确定发电企业各交易期碳排放额度,综合考虑总体减排要求、清洁发展目标等因素,动态形成碳排放成本价格,通过对碳排放成本价格动态调整,不断提升清洁能源市场竞争力,逐步推进能源的清洁替代。在用能侧,我国要建立能源市场与工业、交通等领域用能行业的关联交易机制,用能企业在能源采购时自动承担碳排放成本,形成清洁电能对化石能源的价格优势。在输配侧,我国要推动全国范围能源市场互联互通,保证优质、低价清洁能源大规模开发、大范围配置、高比例使用。能源统一市场与碳市场的有效结合能够将相对分散的气候与能源治理机制结合起来,取得"1+1>2"的效果。

能源科技的突破

科学技术是推动能源转型的最大动力,同时是未来发展的最大变量。

就当下而言，能源是我国已具备优势的领域之一，我国在风电、光伏、特高压等关键技术与工程应用方面全球领先，并面临着技术与产业"弯道超车""换道超车"的难得机遇。因此，我们要以此为突破口，引领相关技术产业全面发展，力争取得以点带面的成效，改变我国在以往能源变革中的被动局面，在清洁能源时代赢得主动、抢占先机。我国能源创新要注意以下五个方面。

（1）推进清洁发电技术的创新

清洁发电是实现能源发展清洁化、低碳化的基础。要想实现我国电力的清洁化，无论是传统发电技术还是新型发电技术都面临着新一轮的机遇。传统发电要聚焦与煤电、气电相关的清洁、低碳、高效、灵活发电技术，包括二次再热发电、630℃/650℃发电、超临界CFB发电及现役机组灵活性改造、节能提效改造等技术。而新型发电则要促进能源电力绿色低碳转型，优化能源电力结构，加快风电、太阳能发电、核能利用、农林生物质发电、地热发电、二氧化碳捕集等重点领域技术攻关，力争推动大容量、高效率、低成本的清洁能源开发。同时，我国要加快清洁能源功率预测、虚拟同步机、"源—网—荷—储"协调等技术突破，解决风电、光伏的随机性、波动性问题。

（2）推进储能技术的创新

在即将到来的能源变革中，储能技术的进步和突破将成为由化石能源向可再生能源成功转型的关键，并从根本上影响能源发展的格局。从人类的发展史来看，文明都是随着储能技术的进步而发展的。在原始社会，原始人采集的野果、捕获的猎物，如果吃不完就会腐烂，但是人类社会发明了耕种和养殖，从而实现了"生物质能"最原始的储存。当下，可再生能源迎来了快速发展时期，在能源结构中的比例持续上升，但是由于储能技术与消纳能力的束缚，存在着严重的"三弃"（弃风、弃水、弃电）问题。我国积极发展储能技术，通过物理介质将能量储存起来进行合理分配，将极大地改善目前的局面。因此，我国要大力推动大容量、长寿命、低成本的新型储能技术和材料研发。

（3）推进输送技术的创新

能源输送技术关系到能源系统的稳定，直接影响能源传输的规模、范围和效率，是实现可再生能源大规模开发、大范围优化配置的关键。对于输送技术的创新，重点是要发展超大容量、超远距离特高压技术和特高压柔性直流技术，推动特高压、长距离、大容量海底电缆技术创新和装备研发，提高电网大范围配置能源的能力和效率。同时，我国要不断完善和创新发电、输电、售电和辅助服务的决策技术，开发适应中国能源互联网的大电网调度、交易支撑平台，确保能源配置的安全性、高效性和经济性，适时推进能源、信息、交通三网融合发展。此外，还要积极探索超导输电、无线输电、可中断工业负荷技术等前瞻性技术，抢占技术发展先机。

（4）推进用能技术的创新

一方面，我国在用能端要积极推动能源与人工智能、云计算、物联网、区块链等信息技术的融合，提供多样化、互动化、智能化用电服务，满足人们对高品质能源服务的需求。另一方面，我国要突破大功率动力电池、快速充电、无线充电等电动汽车技术装备研发与产业发展瓶颈，实现"换道超车"，打造汽车制造强国。此外，还要加快高效率、低成本热泵技术推广，使其在居民生活等领域得到广泛应用。

（5）发展电制化学燃料

在可再生能源中，风电、光电具有随机性、波动性特征，因此，我国除了要大力发展储能技术来平抑清洁能源的负荷波动，还要大力推动电制氢、电制合成燃料的应用，以及氢储运和燃料电池等技术装备的发展，利用富余风光发电量就地制成燃料、原材料。一方面，要有效降低弃风、弃光电量，提高电力系统的稳定性和效率；另一方面，要进一步扩大终端电能消费范围，提高清洁电力的消纳能力。

总之，能源科技的发展要聚焦清洁化、电气化、智能化、集成化、数字化等事关能源转型发展的方面，推动能源开发、转换、配置、使用等领域技术和装备创新，并将此作为带动其他技术创新的"火车头"，促进产业化发展，抢占全球能源技术制高点。

能源外交的突破

前文提到，我国倡导的能源独立并不是指能源孤立。在一个各国交往频繁、各国利益密不可分的世界里，能源孤立既不可能也无必要。由于清洁能源开发具有一定的"去地缘性"，不少学者认为，除了高铁和卫星，以光伏、风电和水电为代表的清洁能源是最具竞争力的"走出去"产业。因此，我国在强调能源的战略性的同时，需要开展能源外交，甚至要制定新能源外交战略。尤其是在国际能源格局与气候治理格局之间的纽带联动性不断加强的背景下，全球温室气体排放问题的根本性解决取决于能源产业结构的低碳转型、新能源大规模开发和全面脱碳技术研发，我国更不能闭门造车。开启中国的能源外交，可以从以下几个方面着手。

（1）积极制定新能源外交战略

当下，众多国家正在积极发展新能源，以加快化石能源替代的进程，这种情况正在带来全球能源供需新变化，也在加速推动全球能源格局重塑。近10年，亚太地区能源消费占全球能源消费的比重不断提高，全球能源供需版图深度调整，进一步呈现出消费重心东倾、生产重心西移的态势。

"弱国无外交"，同理，没有强大的清洁能源实力，也不会有新能源外交。就当下而言，新能源是我国已具备优势的领域之一。

从新能源装机规模上看，《"十四五"可再生能源发展规划》显示，截至2020年年底，我国可再生能源发电装机容量达到9.34亿千瓦，占发电总装机容量的42.5%，风电、光伏发电、水电、生物质发电装机容量分别达到2.8亿千瓦、2.5亿千瓦、3.4亿千瓦、0.3亿千瓦，连续多年稳居世界第一。

从产业上看，我国新能源产业优势持续增强。水电产业优势明显，我国已成为全球水电建设的中坚力量。风电产业链完整，《2021年全球风电整机制造商市场份额排名》显示，在2021年全球风电整机商前10中，金风科技、远景能源、运达风电、明阳智能、上海电气、东方电气6家中国风电整机商分列第2、第4、第6、第7、第9、第10位。光伏产业占据全球主导地位,多晶硅、硅片、电池片和组件的产量分别占全球的 76%、96%、83%和 76%。全产业链集成制造有力推动我国可再生能源装备制造成本持续下降、国际竞争力持续增强。

从技术上看,我国新能源技术水平持续提升。水电具备百万千瓦级水轮机组自主设计制造能力,特高坝和大型地下洞室设计施工能力世界领先。陆上低风速风电技术国际一流,海上大容量风电机组技术保持与国际同步。光伏发电技术快速迭代,多次刷新电池转换效率世界纪录,光伏产业占据全球主导地位,在光伏组件全球排名前 10 的企业中,我国企业占据 7 席。全产业链集成制造有力推动风电、光伏发电成本持续下降,近 10 年来陆上风电和光伏发电项目单位千瓦平均造价分别下降了 30%和 75%,产业竞争力持续增强。

从应用上看,我国独特的自然地理结构与人文地理结构是我国新能源产业强大的核心因素之一。我国疆域辽阔,北起黑龙江黑河,一路向西南延伸,直至云南腾冲,有一条"胡焕庸线"。西部地区占了全国土地面积的近 2/3,但人口占比仅约为 30%。西北地区地广人稀,开发成本低,适宜集中式、规模化开发,而东南地区是经济中心、人口中心。能源中心与用能中心的逆向布局,倒逼我国通过在风电、光伏、特高压等关键技术与工程应用上的突破,实现"弯道超车"或"换道超车"。

各国共建"一带一路"离不开能源合作,而只要建设好能源合作相关的重点工程,就有希望早日结出硕果。因此,新能源外交之路可以从"一带一路"沿线国家开始。"一带一路"沿线国家人口众多,经济相对落后且发展粗放、环境脆弱、减排压力大，能源基础设施落后，但能源市场规模和资源禀赋优势明显，互补性强、潜力巨大，可因地制宜进行清洁能源合作开发。

有趣的是，从区域特征来看，我国的能源资源逆向分布与亚太地区的能源资源逆向分布有着极大的相似性。以我国来说，我国西部地区是能源中心，而东部地区是用能中心。从亚太地区来看，西边的中东地区是能源中心，而东边的韩国、日本、印度和中国都属于用能中心。这就意味着，我国只要架构好国内的特高压电网"四梁八柱"，也就架构好了亚太地区洲际电网的"四梁八柱"。

因此，我国要将西部地区作为推进清洁能源外交发展的前沿重地。首先，推进西部电网与东南亚、南亚、西亚和中亚联网；其次，推进东部电网与东北亚、中亚、东南亚联网，在国内形成国家级"小能源圈"的基础上，充分发挥我国特高压和智能电网技术、装备和工程优势，在亚欧大陆板块形成洲际的"大能源圈"；最后，形成"西电东送、北电南供、多能互补、跨国互联"的能源格局，以清洁绿色方式满足经济社会发展和人们生活用电需求，将我国打造成"一带一路"的电力枢纽。

我国可以借助新能源规模、技术、中国制造与工程施工优势，以建设全球"电极"为目标，建成全球最大的发电国与电力输出国。在建好"一带一路"电力枢纽后，我国要适时与其他国家合作筹建"全球电网"，形成从发电、输电到用电的链条。最后，通过人民币与新能源挂钩机制，形成各经济主体购买新能源以人民币为计价结算货币的格局。当下，OPEC的产油量占全球40%，出口量占全球的一半，美国通过促成OPEC结算与美元挂钩，实现了"美元霸权"。设想一下，如果全球40%~50%的电力来自中国，均用人民币进行结算，那么全球将迎来中国的时代、人民币的时代。

（2）不断夯实新能源外交实力

新能源外交战略的顺利实施离不开国内能源产业、绿色产业、金融产业的强大实力及各部门协调能力的提升。目前，中国能源产业发展的最大瓶颈在于"重发、轻供、不管用"，上游产业，如设备制造业和装机总容量发展迅速，但下游配套产业，如入网问题和客户端使用安全性、灵活性、便捷性问题有待解决。

此外，全国性电网建设滞后，可再生能源消纳能力有待提升，"弃风限电"形势日益严峻。因此，我国要建立国家级的清洁能源外交协调机制，促进各部门之间及各部门同地方政府之间的沟通与协作，同时推进相关清洁能源产业协会之间的联合，克服企业"单打独斗"及在"走出去"时遇到的困难，利用中国作为新能源生产与绿色投资均居世界首位的大国优势和自身的结构性优势，开展"实力"能源外交。

一个国家外交战略的实施效果根本上取决于其外交能力，而外交能力集中体现为外交实力、资源协调能力、制度建构能力及话语权力。在全球应对气候变化的新征程中，我国的加入为世界碳中和注入了一股强大的力量。没有中国的参与，全球的碳中和将是一个不可能完成的任务。我国"30·60目标"的提出，体现了中国作为全球生态文明建设的重要参与者、贡献者和引领者推进全球可持续发展及零碳路径优化的决心。

在全球气候能源战略格局加速变迁之际，积极发展新能源不仅成为各国应对气候变化、能源安全等多重危机的综合性方案，同时其外交维度更成为推进全球生态文明建设的关键抓手。因此，各国要把新能源外交嵌入全球气候治理过程，通过我国倡导的人类命运共同体，通过多边制度性合作拓展、大国协商共识、绿色规范内嵌和长效性实践平台，构建绿色、公正、包容、安全的气候能源治理新秩序，我国将积极发挥在清洁能源治理中的引领作用。

（3）建设有影响力的区域碳市场，提升绿色金融引导能力

当下，全球碳中和已成共识，但发展仍是世界的永恒主体，因此在发展和减排之间就产生了矛盾。一方面，经济发展对能源的需求仍处于上升阶段；另一方面，全球对绿色低碳发展的渴望比任何时候都迫切。我们在前文提到过要积极推进能源统一市场与碳市场的耦合。如果能源—碳市场的构思成立，这将极大地降低社会的监管成本与交易成本，迅速推动新能源与碳市场的发展。从外交层面来说，此时谋划新能源外交、全球统一碳市场建设，比任何时候都具有战略意义。

因此，我国要抢抓全球范围统一碳交易市场的"空档期"，积极与各类国际组织开展合作，广泛引入国际碳减排品种，打造丰富的产品线，争取碳交易国际定价权，抢占国际碳交易市场制高点。按照"一带一路"的相关部署，我国应积极筹划建立区域碳市场和区域碳金融体系。同时，我国要积极建设同欧美等发达国家和地区间互认的碳排放标准体系，并以此为基础抢占国际碳交易市场制高点。

基于"美元—黄金""美元—石油"的历史及当下全球的发展诉求，

我国是否可以谋划"新能源—碳资产—人民币"的世界货币新模式？假设我国发行一种数字货币，我们可以先给它取一个具有中国风的名字，比如"碳元"（音似"汤圆"），我们规定 1 碳元对应 1 吨碳排放或者 100 千瓦时的新能源电力。

假设有一家新能源企业，发了 1 亿千瓦时的电，在供给侧，通过并网完成交易就可以拿到相应的"碳元"；在消费侧，如果要用电就必须通过"碳元"来购买电力。那么，"碳元"可以通过货币充值，也可以基于核证减排量（CCER）来兑换。随着电力的流通，"碳元"将层层渗透到人们日常生产、生活的各个角落。

碳中和目标的实现及"一带一路"建设中的清洁能源投资和环保投资，都需要大量的资金，给政府财政带来了巨大的压力。碳市场是通过市场化方式控制和减少碳排放的重要途径，对于推动经济社会绿色低碳发展意义重大。能源统一市场与碳市场的有效结合，能够将相对分散的气候与能源治理机制结合起来，取得"1+1>2"的效果。

在目前的形势下，只有提升中国的新能源外交、碳市场建设及绿色金融引导能力，才能从根本上提升中国在区域公共产品供给方面的结构性影响力和大国引领力。同时，通过改善全球投资环境，可以为全球气候和能源新秩序的建立提供绿色动力。

（4）加强我国与周边国家的互联互通

我国与周边国家的资源具有很强的互补性。例如，俄罗斯、蒙古、哈萨克斯坦等国家能源资源丰富、价格低，它们可成为我国重要的电力受入选择；而日本、韩国、印度、巴基斯坦、孟加拉国等国家未来有很大的电力缺口，它们具有消纳我国东北、西南等地区清洁电力的潜力。因此，我国要充分发挥区域优势，加快开发我国北部和西部、蒙古、中亚、俄罗斯远东清洁能源，向我国东部及日本、韩国送电，实现东亚电力互联互通；还要加快推进我国与南亚、东南亚电力互联，将我国清洁能源送至印度、巴基斯坦、孟加拉国及其他东南亚国家，满足这些国家的电力需求，从而推进互联互通的通道建设。

第五章

中国能源企业的未来

石油能源建设对我们国家意义重大,中国作为制造业大国,要发展实体经济,能源的饭碗必须端在自己手里。

——2021年10月21日习近平总书记在胜利油田看望、慰问石油工人时发表的讲话

浴火重生：火电与煤炭企业的转型

由于全球二氧化碳的排放绝大部分来自化石能源使用所产生的排放，因此，积极发展清洁能源、降低煤电供应就成为许多国家选择的主要减碳路径。

作为全球煤炭产量和使用第一大国，我国煤炭占主体地位的能源结构决定了煤电行业及煤炭企业在这场全球能源结构重塑的深刻变革中，将受到巨大的冲击和影响。在此背景下，国家能源集团、山西焦煤集团、晋能控股集团、陕煤集团、山东能源集团等各大煤炭企业纷纷开展了一系列研究工作，分别从节能增效、新能源开发、技术攻关等多层面制定了相应的碳达峰、碳中和策略。

尽管各大煤炭企业未雨绸缪，前瞻性地布局碳中和领域，积极谋划企业转型发展，但是我国煤炭行业的转型发展依然面临巨大的挑战。

一是经济社会发展仍需要煤炭资源强力支撑。

众所周知，能源是推动经济社会发展不可或缺的物质基础。丰富的煤炭资源为我国经济的高速发展做出了巨大贡献。国家统计局公布的数据显示，中华人民共和国成立初期，我国的煤炭产量仅为 0.32 亿吨，1978 年的煤炭产量为 6.18 亿吨，2019 年的煤炭产量则达到了 38.46 亿吨，近 70 年的时间我国煤炭产量提升了 120 倍。与此同时，改革开放以来，随着我国经济的快速发展，能源消费也呈现出较快增长的态势。1978 年我国能源消费总量为 5.71 亿吨标准煤，2020 年则增加为 49.80 亿吨标准煤，涨幅达到近 9 倍。其中，煤炭消费总量占能源消费总量的比重在 2010 年前基本维持在 70% 以上，10 余年来才逐渐从 2011 年的 70% 左右下降到了 2020 年的 57% 左右，但是煤炭消费总量仍然超过了能源消费总量的一半。

当前，我国正处于工业化阶段，经济社会发展速度相对较快，产业结构重型化、能源结构高碳化特征突出，经济发展与碳排放仍存在强耦合关系。全球能源互联网发布的《中国 2030 年前碳达峰研究报告》显示，2019 年能源活动碳排放量占碳排放总量的比重达到了 87%，而燃煤发电和供热碳排放量占能源活动碳排放量的 44%，煤炭终端燃烧碳排放量占能源活动碳排放量的 35%。

单从发电装机与发电量来看，国家统计局公布的数据显示，2020 年我国全口径发电装机容量为 22.02 亿千瓦。其中，全口径火电装机容量达到了 12.46 亿千瓦，占比超过了一半；风电和太阳能装机容量合计为 5.36 亿千瓦（并网），占比为 24% 左右，不到 1/4。2020 年全年发电量为 7.78 万亿千瓦时，其中煤电为 5.33 万亿千瓦时，占比超过了 68%。从长远来看，我国为了成功跨越"中等收入陷阱"，实现进入发达国家行列的目标，经济增速目标应保持在年均 5% 左右。从目前的情况来看，风电和太阳能无论是从量上还是从质上都无法满足经济增长对能源的需求，因此煤炭仍然是支撑我国经济社会发展的主要能源，在能源体系中发挥着"压舱石"和"稳定器"的作用，其消费量短期内不会出现下降趋势。

二是煤炭消费总量大、占比高，结构优化难。

从国际层面来看，国际能源机构的统计数据显示，2020 年全球煤炭产量约为74.38亿吨,而我国煤炭产量达到了38.4亿吨,占全球煤炭产量的比例超过了50%。同时,中国是"世界工厂",又是全球最大的碳排放国,煤炭消费总量同样占全球煤炭消费总量的一半多,而煤炭消费产生的二氧化碳排放量在全球煤炭消费产生的二氧化碳排放量中占比高达70%~80%。

能源结构偏煤的情况使得我国单位GDP能耗达到了世界平均水平的1.7倍,是发达国家的2~3倍,我国减碳减排的压力巨大。近年来,虽然我国碳排放增速有所放缓,且"十三五"时期,我国煤炭消费总量占能源消费总量的比重由2016年的62.2%下降到了2020年的56.8%,但是煤炭消费总量呈现稳步增长态势,由2016年的27.46亿吨标准煤增加到了2020年的28.28亿吨标准煤。由于我国"富煤、贫油、少气"的资源现状和产业基础,我国在较短时间内大幅度降低煤炭消费总量的困难较大。

三是产能过剩推动煤炭行业负载运行。

改革开放以来,随着经济社会的高速发展,我国对能源的需求越来越大,能源消费快速上升。煤炭等能源资源作为国家经济社会发展的重要基石,政策、资金、技术等生产要素在煤炭行业积聚,这在不断壮大煤炭行业发展的同时,也推动了煤炭行业的被动式超负荷运行。久而久之,煤炭行业逐渐暴露出了产能过剩问题。

自2012年以来,我国煤炭产能严重过剩,以致煤炭价格出现了下滑现象。2020年我国煤炭总产量为38.4亿吨,同比增长0.9%。国家统计局公布的数据显示,2020年我国煤炭开采和洗选业产能利用率仅为69.8%,低于国际标准5.2个百分点。这说明我国煤炭行业产能过剩的情况依然严重。此外，我国煤化工产业在当前市场中的产业产能已经达到了 4500 万吨，出现了严重的能源过剩问题。根据煤化工产业的发展规划，在市场中还存在 75% 的项目未得到全面实施，未来煤化工产业的产能过剩问题将会更加严重（见图 5-1）。

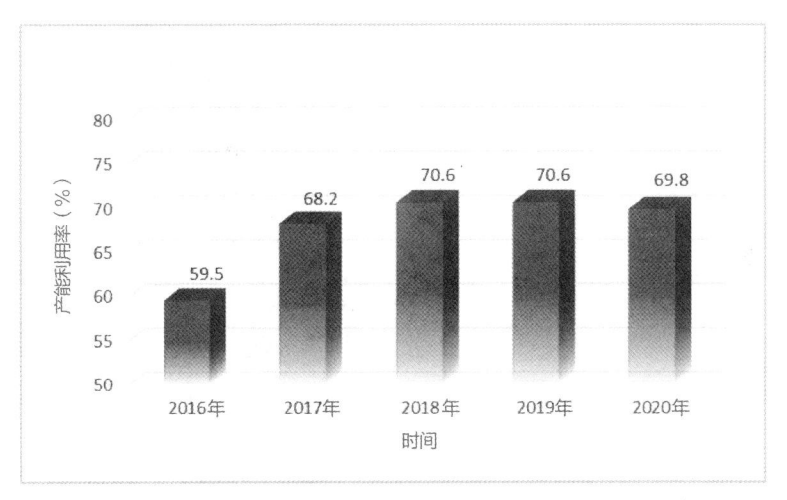

图 5-1 我国煤炭开采和洗选业产能利用率（2016—2020 年）

（数据来源：国家统计局）

四是前期资本投入存在搁浅风险。

煤炭行业资本投入巨大、生产周期长，碳中和愿景带来的政策性变化风险可能导致企业产生巨大的损失。煤电行业面临着同样的难题。

由于煤炭消费产生的二氧化碳排放量占总排放量的 70%~80%，煤炭似乎成了"过街老鼠"。碳中和愿景要求碳排放尽快达峰，传统的开采、燃煤将难以为继。煤炭开采和发电是碳排放最高的环节，近几年我国已经淘汰大量落后产能，关闭了数百个低效燃煤电厂。据人民日报报道，截至 2020 年年底，全国累计关闭煤矿 5500 处左右，每年减少落后煤炭产能

10亿吨以上。截至2020年，全国关闭矿井数量超过1.2万处。据中国工程院重大咨询研究项目预测，到2030年，全国关闭煤矿数量将达到1.5万处。

煤炭产生的二氧化碳主要源于煤电和供热。此外，煤炭在开采与运输环节也存在大量的甲烷泄漏。自"30·60目标"提出以来，国际国内"脱碳"的呼声日益高涨。

在国际方面，英国于2017年便提出了在2025年之前淘汰煤电，并且在2021年的七国集团（G7）首脑会议上提议，G7各国彻底弃用煤炭火力发电。在G7各国中，英国、法国、德国、意大利、加拿大5国已宣布弃用国内的煤炭火力发电，美国的拜登政府也将"弃用煤炭火力发电"作为优先事项之一。北欧国家大多数将在2030年左右淘汰所有煤电，韩国则将在2050年停用煤电。

在国内方面，2021年7月全国碳交易市场正式上线，首批纳入全国碳排放配额管理的是发电行业，总计涉及2225家发电企业和自备用电厂。在此背景下，我国电厂和煤炭行业的发展面临着巨大的压力和挑战。

未来煤炭行业面临着巨大的成本风险和财务压力。若不能将其中的一些风险和压力转给下游产业承担，或者一旦新能源技术突破并形成成本优势，煤炭行业的前期投入将面临资产搁浅的巨大风险。

当然，作为国家能源安全的基石，煤炭是"功臣"，但是控炭、减炭、脱炭是社会巨大进步的体现。煤炭并不总是意味着高排放、高污染，现状是因其未按绿色、洁净、低碳方式开发与利用造成的。

因此，各大煤炭企业和电厂应当从改变煤炭开发、利用的理念，积极引入CCUS等关键技术，以及强化与新能源组合发展等方面入手，推动煤炭行业低碳转型发展，稳基础、优产能，充分发挥煤炭的保障作用。

我们对待煤炭问题，要站在保障国家能源安全的高度，审视煤炭在保障国家能源安全中的重要作用，形成以国内能源内循环为主的格局。大型煤炭企业应围绕"主责主业"进行行业内部的整合，加快淘汰落后产能，并积极通过与大型钢铁企业、铁路企业、港航运输企业的强强联合，兼并、重组中小型企业，推进煤电一体化联营、混合所有制改革等，优化煤炭开发布局和产能结构，改变目前企业各自为政、产品重叠、互相竞争的格局，帮助专业煤炭企业做强、做优、做大，进一步推进煤炭从总量去产能转变为从结构去产能，有效解决煤炭行业散、乱、弱等问题。

同时，我国要不断强化企业顶层规划，优化生产布局，以智能化、数字化为手段，提高单位生产效率、安全作业水平及产品成本竞争力，提升煤炭适应我国能源需求变化的开发能力与开发利用的成本优势，在煤炭所具备的短期内形成大规模油气接续能力的基础上，充分发挥煤炭在平衡能源品种中的作用，大力推进煤炭与油气耦合发展。另外，我国要加快发展新型现代煤化工产业，推进石油替代战略，降低我国能源的对外依存度，实现煤炭企业从劳动密集型向技术密集型的转变，以便其在不同的社会经济发展阶段和不同的能源结构状态下，均能为国家提供坚实的能源保障。

在此基础上，我国要围绕总体外交战略，深度参与国际经济循环，拓展国际发展空间，高质量推进"一带一路"建设项目，并结合沿线环境承载能力和能源结构，布局优势项目，开发优质资源。

第一，以节能降耗为主要抓手，优化煤炭开采利用效率。煤炭企业要坚持节能优先战略，积极引导煤矿优化井下布局、简化生产系统，推广"一矿（井）一面""一矿（井）两面"生产模式，鼓励推广 N00 等先进采煤工艺，减少煤矿巷道掘进工程量，提高煤炭和煤层气回采率，降低煤炭生产能耗。煤炭企业要做好煤炭清洁高效开发和节能减排工作，加快在各环节采用高能效开采技术和设备，加速推进智能化矿井建设及煤炭机械化、自动化、信息化和智能化开采，大幅提高煤炭生产效率。

第二，因地制宜推广充填开采、保水开采、煤与瓦斯共采、井下洗选等绿色开采技术，推进千万吨级先进洗选技术装备研发应用，积极推广氢能重卡和电动汽车在矿区煤炭运输方面的应用，降低洗选过程与生产运输过程中的煤炭能耗水平。煤炭企业要大力发展煤矸石发电、瓦斯发电等项目，实施热电冷联产，开展余热、余压、节水、节材等综合利用节能项目，提高能源资源综合利用率。煤炭企业要积极推广煤矿节能先进技术，重点在智能照明、变频技术改造、余热利用等方面实施节能技术改造，降低煤矿能源的消费量。煤炭企业要推动低阶煤分级分质利用，通过煤的低温热解，将低阶煤分解成油、气和半焦，实现煤基多联产，提高煤炭综合利用率。

第三，积极推动煤电联营，大力发展可再生能源。煤炭企业可以通过和发电企业投资建设煤电一体化项目，以及和发电企业相互参股、换股等多种方式发展煤电联营。

一方面，在未来的能源结构中，新能源将占据主导地位，但新能源发电具有不稳定性、波动性等特征,需要其他电源参与调峰,以保持电力系统的稳定性。煤如果分质利用,碳变成半焦,可用来发电,碳氢化合物可利用燃气轮机发电。如此一来,不仅可实现调峰,还可提高能源的利用效率。

另一方面,强化煤电一体化运行。煤电行业发展煤电一体化运行产业链,可以促进煤矿和电厂相互依托、共享公用工程,有利于生产可助力发电企业节能减排的廉价优质煤炭产品,还可以减少煤炭生产和发电过程中的污染物排放,降低煤电成本,为燃煤电厂实施二氧化碳捕集和封存开拓足够的成本空间,提高煤电在未来清洁能源市场中的竞争力,开拓在碳中和背景下新的煤电市场空间。

此外,煤矿区具有发展可再生能源的先天优势。煤矿区除了丰富的煤炭资源,大量的土地、风、光等其他资源还可为燃煤发电和风光发电深度耦合提供土地资源;煤矿井巷落差大,可用于抽水蓄能,为可再生能源调峰;井下温度较高且稳定,可发展地热的综合利用。因此,煤炭企业可以充分发挥煤矿区的优势,以煤电为核心,利用煤电稳定灵活的优势协同布局新能源,构建多能互补的清洁能源系统,将煤矿区建设成为"地面—井下"一体化的风、光、电、热、气多元协同的清洁能源基地,探索发展储能、光热、地热、分布式能源等新兴产业,加快"风光火储氢"一体化发展。

第四,围绕现代化发展方向,不断提升产品的竞争力与市场占有率。我国要以市场需求为导向,发挥煤炭兼具能源与资源双重属性的优势,加快构建以煤炭产业为源头,煤电、煤化工等下游产业链聚集融合、相互连接的产业体系,带动上下游产业链碳协同减排。

一方面，煤炭行业要围绕传统煤化工领域，加快发展煤制甲醇、焦炭、合成氨、电石等工艺，推进焦炉煤气、煤焦油、电石尾气等副产品的综合利用，延长焦化副产品产业链条，推动传统煤化工向产业链、价值链中的高端延伸。根据经济性、技术可行性和生态环境容量，适度发展现代煤化工产业，发挥煤炭的工业原料功能，用于煤制油、煤制气等化工品进行能源转化，以有效替代油气资源，保障国家能源安全。此外，煤炭行业还可以以煤制油生产的石脑油为原料进行油品二次深加工，生产聚乙烯、聚丙烯和高档润滑油等产品，实现煤化工产品的高端化。

另一方面，煤炭行业必须将碳中和目标纳入企业未来的发展战略，提升碳资产管理能力，强化全生命周期碳循环的动态监测，积极适应气候变化下的碳排放配额规则，主动参与碳排放权交易市场建设与煤炭行业碳排放实施方案的制定。同时，煤炭行业要利用国内外先进的信息化技术，探索打造智能煤质管控平台，以数字化、网络化服务平台为桥梁，促进煤炭生产、洗选、运输与销售等环节的信息共享，推进煤炭生产、洗选、运输与销售一体化运营，连通生产、加工、运输、储存和消费等供应链各环节，实现线上线下渠道融通、一站式服务和精准营销，构建"大营销"网络。

第五，坚持科技是第一生产力，不断发展企业创新链。我国实现碳中和目标的核心在于做好二氧化碳的再平衡，做好二氧化碳再平衡的关键在于能源结构的调整，而在推进煤炭减量替代措施中，科技是最大的变量。因此，煤炭企业要毫不犹豫地拥抱科技，以谋求新的突破。

首先，煤炭企业要加大技术的研发力度，推广应用先进技术和工艺，不断推进快速掘进技术的研究工作,通过更改顺槽支护方式、采用永磁电机带式输送机、优化液压支架工作阻力设计、采用电液控系统,以及增设破碎机来提升破岩效率、探索采用无轨胶轮车辅助运输方式等一系列重点举措,全力打造高产高效综采工作面。

其次,煤炭企业要增加科技投入,加强与高校、科研机构合作,聚焦"清洁化""低碳化""智能化"三大现代能源技术领域,针对面向碳中和的新型能源系统的关键问题、关键技术、关键项目,重点布局煤炭安全绿色开发、智能发电等攻关方向,推动低碳能源技术转移和创新成果转化,支撑煤炭产业的高质量发展。

最后,我国要围绕燃煤电厂、煤化工等重点用煤企业积极开展二氧化碳捕集、利用与封存技术研究和示范,实现二氧化碳的规模化捕集、利用和封存。例如,推进常规碳捕集技术在矿区的普遍应用,矿区烟囱、排气筒加装碳捕集装置以捕集二氧化碳,降低碳排放;加快新兴碳捕集技术在矿区的应用,鼓励现代煤化工企业与石油企业及相关行业合作,通过CCUS技术为下游企业提供二氧化碳,用于驱煤层气或地质封存,实现互利双赢;依托煤炭原料的成本优势,研究新一代煤催化气化制氢、氢气纯化技术,为未来氢气燃料电池提供可靠的氢能供应。

第六,树立绿色和谐理念,推进矿区生态与碳汇减排协同发展。煤炭企业积极推进矿区、山水、林田、湖、草、沙的一体化保护和修复,通过清洁生产审核及绿色矿山建设来提升矿区的碳生物捕集能力;结合区域自然生态的地理环境特征,大力开展采煤沉陷区的治理和土地复垦,鼓励利用矸石、灰渣等对沉陷区进行立体生态整治；围绕排土场复垦和陷地、地表裂缝治理，种植树木、草、作物等增加碳汇，通过有机肥施用和秸秆还田等措施提高土壤有机碳含量，对露天采坑和高潜水位采煤沉陷区进行湿地改造以固碳；充分利用矿区废弃和复垦土地，结合本地气候条件和生物资源，积极开展植树造林，大力推进"生态林"建设，扩大森林碳汇规模，利用生态修复碳汇来抵消排放的部分二氧化碳，放大净零排放或负排放效应，最大限度地降低煤炭行业发展的生态成本。此外，在日常生活中进一步教育、引导矿区职工家属选择绿色低碳的生活方式，比如少用或不用一次性餐具，节约用水用电，生活垃圾分类处理，以及短途出行尽量骑自行车或步行。

柳暗花明：石油企业的未来

石油、天然气作为我国的第二、第三能源品种，不仅是我国的重要基础性能源，还是我国经济社会发展的重要动力。石油、天然气消耗导致的能源活动碳排放量仅次于煤炭，占比分别为15%、16%左右。除了作为重要的交通、工业及发电行业的燃料，将石油、天然气作为化工产品的原料，已逐步成为引领油气消费增长的主要需求之一。

石油、天然气是能源消耗和碳排放领域的"大户"，在"双碳"目标下实现油气与环境的和谐共生已成为摆在我们面前迫切需要解决的课题。基于此，占据了中国油气行业"半壁江山"的三大石油企业（中国石化、中国石油、中国海油）都已积极推进绿色低碳转型，并制订了绿色发展相关行动计划，为绿色发展、减碳进程按下了"快进键"。

三大石油企业拥有国家赋予的勘探开发权，在勘探领域完全处于垄断地位，因此，均实行勘探、炼油、零售纵向一体化经营。根据公开的财报，2020年中国石化的营业收入最高，达到了2.11万亿元，中国石油的营业收入为1.93万亿元；中国海油的营业收入为1554亿元。三者合计约为4.2万亿元。从油气来看，2020年中国石化的全年油气当量产量为4.5902亿桶。其中，境内原油产量为2.4952亿桶，天然气的产量为10723亿立方英尺，同比增长2.3%。中国石油的国内油气当量产量为14.097亿桶，同比增长4.8%；可销售的天然气产量为39938亿立方英尺，同比增长9.9%。天然气占比持续提高，油气结构进一步优化，绿色低碳转型取得了重要进展。中国海油聚焦于发现大中型油气，努力提升勘探成功率。其现在共有16个商业发现，证实储量再创历史新高，达53.73亿桶油当量，储量寿命连续4年稳定在10年以上，为其未来产量的增长夯实了基础。

虽然各大油气企业纷纷提出了碳中和的策略，但是我国油气行业存在的问题对"双碳"目标的实现十分不利。

一是油气消费总量稳步攀升，总体呈现供不应求的态势。"十三五"时期，我国煤炭消费的比重进一步降低，非化石能源和天然气消费占比显著提高，呈现主体能源由油气替代煤炭、非化石能源替代化石能源的趋势。国家统计局公布的数据显示，近10年（2011—2020年）我国煤炭消费的总量在一次能源消费总量中的占比由70.2%下降至56.8%，石油消费总量的占比基本稳定在 18.9%左右，天然气消费总量的占比则由 4.6%上升至 8.4%。虽然石油消费总量占比基本维持不变，但是随着能源消费总量的增加，石油消费总量实际上也是增加的，年均增速达到了 2.7%左右。而从全球平均水平来看，石油、天然气、煤炭的消费占比则相对均衡，美国、欧盟的化石能源都更加依赖于石油和天然气。从其他国家能源消费的历史发展轨迹来看，我国油气能源消费在未来一段时间仍将呈现持续增长趋势。这将导致我国油气能源活动的碳排放依旧保持增长态势。

二是进口不断加大，对外的依存度逐年提高。我国的能源结构具有"富煤、贫油、少气"的特征，在我国已探明的能源储量中，石油和天然气储量的占比很低；而在世界总储量中，我国的石油仅占 1.0%~1.4%，天然气仅占 2.0%~2.3%。整个石化产业链中的石油、天然气和部分化工产品都需要大量进口。近年来，我国油气的对外依存度呈现不断提高的态势。国家统计局与海关总署公布的数据显示，2020 年国内的原油产量为 1.95 亿吨，全年净进口量为 5.41 亿吨，原油的对外依存度高达 73.6%，天然气进口的占比也达到了 43%。在工业化进程持续推进的前提下，未来我国对能源的需求将持续增加。若不解决石油和天然气过度依赖进口的问题，则我国油气的安全、稳定供应将得不到保障，这势必成为危及我国能源安全的核心问题。

三是资源利用不充分，能源的利用效率有待提高。目前，我国石化工业的能源利用效率正在逐步提升，一些生产装置的单位能耗水平也几乎与国际水平持平，甚至略高于国际水平；但从总的能源利用率来看，我们仍与国际水平存在差距。与此同时，我国炼油能力仍处在上升阶段。《2019年国内外油气行业发展报告》显示，2019年我国的炼油能力为8.60亿吨，产能的利用率约为76%，低于国际平均水平7个百分点。我国原油一次加工能力的提升主导了全球加工能力的净增情况，但全国炼厂平均开工率在全球范围内仍处于偏低水平。根据目前在建、已批准建设和规划的项目测算，到2025年我国炼油能力将超过10亿吨/年，届时将超过美国，位居世界第一。在我国能源消费结构加速低碳化、石油消费趋向稳定的背景下，炼油产能过剩的趋势可能会逐步突显，同时带来一定的排放锁定效应。同时，各大油气企业对矿权范围内的风、光、地热等丰富资源还未能完全合理利用，风、光、气、电融合发展程度不足，氢能产业化利用率还不够高，炼化效率低下等问题仍然存在。

根据上述油气行业存在的问题，针对"双碳"目标下行业减污降碳、绿色低碳发展要求，我们提出以下几条建议。

一是稳油降本，多措并举保障能源安全。三大石油企业在勘探领域的垄断地位，在"双碳"目标背景下只会进一步提升，至少在一定时期内不会降低。因此，它们要承担保障能源安全的主要任务，放心大胆地采取"稳油降本"举措。

尽管持续的投入可能让未来全球部分油气资产面临搁浅风险，但总体来看，在未来一段时间内我国油气储量和产量仍无法满足国内发展的需求。因此，油气企业的首要任务仍是自稳阵脚，稳定国内约两亿吨的原油产量，确保能源安全及经济发展的"国之大者"。

当然，三大石油企业必须发挥传统油气产业优势，提高上游勘探开采能力，加大勘探开发力度，发掘新的油田、气田，提高原油采收率，保障原油供应，降低开采成本。同时，还要优化中游油气生产运输管网，提高原油运输效率；推动石油的炼制技术改革，提高原油的精炼能力，提升油品质量；增加高端炼制品类，还原石油化工属性；引导下游油气需求，倒逼高端炼化产品需求，实现更大市场价值，驱动石油回归化工原料属性。

二是要"增气"，更要"争气"。随着全球零碳竞赛的开启与国际形势的深刻变化，我们可以预计，未来能源供需态势整体趋于紧张，突发因素会增多。在电力供应不足、煤价居高不下的情况下，天然气可能成为首选替代资源。同时，天然气作为碳排放最低的化石能源，将是中长期替代煤炭的资源。因此，石油企业可以以提升天然气资源供给能力为重点，持续推进国产天然气增储上产，积极发展非常规天然气和加快推进天然气基础设施建设，推动液化天然气全产业链建设，将天然气作为化石能源与可再生能源的"过渡带"。我国要加快推进地下储气库、液化天然气接收站等储气设施建设，建立供气企业、国家管网、城镇燃气企业和地方政府四方协同的新机制。

三大石油企业要依托各自的现有油田、气田资源，加大对页岩气、可燃冰的开发勘探力度，提高天然气资源的国内、国外掌控度。此外，其还可依托各自优势进行多边合作，建立重点实验室，不断提高天然气采收率，大幅提升天然气供给能力。三大石油企业要大力发展低碳天然气产业，提高可再生能源等清洁电力的供应能力，推进能源结构的清洁低碳化，并大力提高科技创新能力，以石油为原料研发新材料、高端化工产品，部署新能源、新材料领域的产业链，加快从传统油气企业向综合型能源企业的转型。

三是加快推动节能增效，培育绿色低碳核心竞争力。三大石油企业应以节能降耗为基础，逐步推进高排放、无效益的落后产能淘汰工作，实现生产过程低碳化，为新项目留出发展空间。例如，明确落后产能整合和退出时间表、路线图，稳妥推进；充分挖掘可再生能源在石油全产业链的利用潜力，加快炼化行业用能结构调整、清洁化改造的步伐，提升炼化行业集中度，推进大型化、一体化、基地化、集约化产能建设，落实技术改造和提质升级措施，提升存量产能低碳竞争力；优化石油炼化企业自备电厂的燃料结构，将自备电厂的煤粉炉改为天然气锅炉，有效降低化石燃烧造成的碳排放；优化热电运行管控，持续做好热电机炉运行方式优化，实施自备电厂低碳管控，提升热电联产效率，"以热定电"，控制凝汽发电负荷，减少燃煤用量，深入推进降碳工作；推进石化产品循环利用体系构建，加大塑料等石化产品的回收利用力度，提高能源资源梯次利用和循环利用水平，有效控制化石能源消耗总量；建设智慧炼厂，实现智慧化管控和节能增效。

四是挖掘企业比较优势，实现"错位突围"。"双碳"时代的到来，使得三大石油企业面临着保障国家能源安全和石油企业自身生产经营的双重压力。但是，客观上这三家企业均具有足够的"突围"实力和机会。

石油和化工企业既是碳排放大户，也是碳减排大户，还是风能、太阳能等新能源的材料提供者，同时也是能源和资源的"碳再生"和"化学循环"的创新者。在可再生能源产业中，石油企业相对于新兴能源企业已经积累了丰富的勘探开发、采掘、储运等经验，学习成本相对较低。石油企业应处理好传统优势与可再生能源发展潜力之间的关系，形成可再生能源领域的技术优势与产业优势。

石油企业可以携带万亿元"家产"探索低碳转型之路，依托雄厚的资金与技术积累，积极拥抱碳中和时代，分点"突围"。

中国石化可以依托其在炼化领域的优势，在天然气、氢能和光伏产业重点发力，构建氢能和可再生能源一体化发展的新兴能源网络，还可以合理利用长输管道周边的空旷地带，建设分布式光伏，选择恰当时机将加油站改造成加氢站、换电站等。

中国石油可以凭借上游勘探开发优势，加强基础地质调查和资源评价，加强科技创新，促进常规天然气增产，在页岩气、煤层气等非常规天然气勘探开发上重点发力，推动页岩气规模化开发，聚焦上游油气勘探开发和下游市场开拓。

中国海油则可以充分发挥其海洋工业优势，在海上风电产业布局上，发展以海洋能为主的新能源产业，协同陆上风电，加快推动海上风电项目，加速海上风电产业化、规模化发展，并探索潮汐能利用。同时，加强国产自主天然气水合物钻探和测井技术装备等研发，力争实现可燃冰开发领域的新突破。

五是加大研发力度，提供绿色技术支撑。随着化石能源需求峰值的前移，油气行业转型升级压力加大。因此，油气企业应大力开发、推广先进适用的低碳、零碳、负碳技术，提供绿色技术支撑。

首先，加大节能技术研发力度。油气企业应提升产业创新自主能力，瞄准新一代清洁高效可循环生产工艺、节能减碳及二氧化碳循环利用技术、化石能源清洁开发转化与利用技术、二氧化碳催化转化制甲醇等碳转化技术，推进二氧化碳资源化利用。

其次，深入实施绿色发展战略，提升数字化和智能化发展水平，全面推进绿色低碳发展进程，加快"绿色油田""绿色工厂"建设。油气企业应针对油气勘探开采、储运集输及终端分销等生产运营环节，持续推动生产运营过程的能效提高，以及燃料替代等新型低碳技术的应用。

最后，加强低成本二氧化碳捕集技术研发，推进以二氧化碳为原料的化工产品和高端材料的技术研发。油气企业应积极利用二氧化碳强化石油开采（EOR）技术，以实现提高采收率与实施埋存的有机结合；积极做好碳捕集、碳回收利用技术的科研攻关和应用，针对工艺锅炉烟气、工艺生产过程中的二氧化碳排放，积极采用膜回收、溶剂吸收等捕集技术，将回收的二氧化碳应用于油田驱油、食品加工、地下封存等；在二氧化碳加氢制甲醇、化工利用、矿化、生物利用、电催化等前瞻性碳利用技术领域开展科研攻关。

六是进行低碳投资。我国"30·60目标"提出后，低碳发展需要凝聚全社会的努力，但是目前资金缺口极大。我国不少油田处在风能资源相对丰富的西北地区或东北地区，这些地区具有开发风力发电项目特有的优势，石油企业可根据勘探开发、炼油、储运等实际情况，建立智能联网型风电或单体风电项目，还可以合理利用废弃油田建立集中式光伏项目。石油企业还可以探索地热能开发。例如，西藏是中国地热活动最强烈的地区，地热蕴藏量居中国首位，西藏各种地热资源几乎遍及全区，绝大部分地表泉水温度超过80℃。公开资料显示，西藏地热资源发电总量占拉萨电网的

30%左右。除了用来发电，地热资源在住房取暖、蔬菜温室、医疗、洗浴等方面都有广泛应用。我国开发西藏地热资源，将极大地造福西藏人民。

另外，石油企业可加大清洁能源领域投资，布局氢能与生物质能源，以及用液态生物燃料替代天然气的生物甲烷，也可充分利用干气管网中的回收氢气，提高氢资源利用率，研发燃料电池氢纯化装置，使氢气由灰氢过渡到蓝氢，并积极开发"绿电"制氢项目，逐步由蓝氢过渡到绿氢。

七是密切关注碳市场。作为化石能源生产商和碳排放大户，石油企业关注的重点自然是碳市场。油气行业从开采、运输、储存到终端应用环节都会产生碳排放，主要包括二氧化碳与甲烷两类温室气体。碳排放主要来自生产过程中的供热与供能，而甲烷主要来自油气开采、运输过程中的气体逃逸。

碳排放贯穿于石油的上游、中游、下游全产业链。在上游油田开采过程中，需要加压、加热、注水、注剂，每个环节都有碳排放；中游的炼化行业，需要通过燃烧供能、供热；下游的油气产品供终端使用，在交通、发电领域都有碳排放的身影。

根据相关部署，"十四五"期间，石化行业将被纳入全国碳市场。在北京、上海等地开展的碳排放权交易试点中，一些大型石化企业参与其中，石油企业因此具备了一定的碳交易实践经验。石化企业已基本具备碳资产管理、碳排放核算能力，随着全国碳市场的深入建设，以及与国际碳市场的对标和接轨，主要的石油企业迎来了新的发展机遇。因为石化行业除了炼油，还涉及更复杂的后端产品，链条长、流程多、工序复杂，计算较电力碳排放复杂得多，分产品、分工序地统计能耗、碳排放数据对石化行业是巨大的挑战。而且，石油企业较为集中，完全可以以一种相对合理、科学的方法为全国石化行业制定碳排放相关标准，并据此参与全国碳市场建设。同时，石油企业完全可以利用储气田发展二氧化碳封存技术，获取额外碳排放额，并且可以合理利用废弃油田建设集中式光伏与风电，开展自愿减排相关工作。

进一步来看，油气企业可借助碳市场价格机制建立新形势下的评估机制，引导社会资金投资方向，推动低碳技术的持续创新，提升我国绿色低碳投资强度，加快清洁能源基础设施建设，加强碳资产管理，在推进碳排放权交易市场建设的同时，积极引领油气行业开展应对气候变化的国际合作。

风生水起：渐行渐近的新型电力体系

碳排放问题已经成为制约人类社会发展的全球性议题，低碳化已经由能源发展的软指标变成了硬指标。在"双碳"目标要求下，我国的能源系统面临着巨大的低碳转型压力。

电力行业作为主要的碳排放来源，以及支撑其他行业实现减碳、深度脱碳的关键行业，是整个能源系统低碳转型的主战场，而能源系统低碳转型将极大地促进电网技术进步和功能升级，开辟更加广阔的发展空间。近年来，国家电网有限公司、中国南方电网有限公司、中国大唐集团公司等电力行业的龙头企业始终不缺坚持绿色低碳转型的决心，但在适应能源系统低碳转型、构建以新能源为主体的新型电力系统的过程中，仍面临着巨大压力，需要及早谋划、积极应对。我国电力行业的发展难题主要体现在以下几个方面。

一是煤电装机比例过高。经过数十年发展，我国已经形成了以煤电为主的电力系统。近年来，虽然火电发电在电力系统中的占比呈现逐年下降趋势（见表5-1），从2011年的81.34%降至2020年的68.52%，但其仍是我国的主要电力来源，电力行业的低碳转型必将受到以煤炭为核心的电力技术网络和产业结构的阻碍。我国电力系统以煤电装机为主，且煤电装机近年来仍处于增长阶段，装机量由2011年的7.68亿千瓦增长到2020年的12.45亿千瓦，过高的煤电装机比例将导致锁定效应。目前，我国的煤电产能严重过剩，按照设计的煤电装机年运行时数标准，每年各地煤电运行时数可达到5500小时，而近几年各地煤电装机年运行时数只有4000小时左右，有近两亿千瓦煤电装机的产能严重过剩，存在大量煤电资产搁浅风险。

表5-1 2011—2020年中国火力发电量及装机量变化

时间	火电（亿千瓦时）	火力发电占比（%）	火电装机量（万千瓦）
2011年	38337.0	81.34	76834
2012年	38928.1	78.05	81968
2013年	42470.1	78.19	87009
2014年	44001.1	75.94	93232
2015年	42841.9	73.68	100554
2016年	44370.7	72.35	106094
2017年	47546.0	71.99	111009
2018年	50963.2	71.12	114408

续表

时间	火电（亿千瓦时）	火力发电占比（%）	火电装机量（万千瓦）
2019年	52201.5	69.57	118957
2020年	53302.5	68.52	124517

数据来源：国家统计局、国家能源局、中电联。

二是电网运营的稳定性面临挑战。随着电力行业低碳转型进程的不断推进，未来可再生能源的大规模并网将会给电网运营的稳定性和安全性带来巨大压力。新能源发电具有间歇性、随机性、波动性等特征，包括风电、水电及光伏等在内的可再生能源受到气候变化、地域条件的影响较大，能够参与电力平衡的有效容量低。据相关预测，新能源2025年、2030年在电力平衡中的贡献度占比分别为6%、7%，而煤电的相应占比高达57%、48%。目前，我国的可再生能源发电技术还不足以使电网的发电和负荷保持平衡状态，而逐年提升的清洁能源发电装机比重将对长期安全、稳定运行的电网产生巨大的冲击。电力系统"双高""双峰"的特性将日益明显，如何保障电网的安全、稳定运行和可靠供电，将对电力行业形成前所未有的严峻考验。

此外，我国可再生清洁能源资源主要分布在东北、西北、西南和华北北部地区，而电力需求则集中在东部、中部地区，新能源的供给中心与消费中心的逆向分布导致我国不可避免地面临着能源的高效配置挑战，而根据新能源特性形成的分布式发电模式将在并网时导致电网的电能质量下降。

三是电力行业产业链不协同问题尚未解决。多年来，电力行业作为关系国计民生的基础性行业，肩负着重大的政治责任和社会责任，因受国家计划管理与宏观调控的影响较大，产业链上的一些突出问题尚未得到有效解决。"煤电顶牛"难题长期存在，煤电联动机制不完善、启动不及时，燃煤发电企业大部分时间生存在煤价上涨与电价固定的夹缝中，不少企业入不敷出、负债率高，持续实现产业的绿色转型升级存在很大困难；煤电与可再生能源的互补机制不健全，虽然可再生能源在电力系统中的占比逐年增大，但由于其在能源供应中基本不具有调峰能力，电力供应安全面临巨大风险，而煤电为可再生能源托底和调峰做出了主要贡献，却缺乏合理的辅助服务补偿机制的支撑；供热与燃料的价格联动机制不完善，高效清洁发电的企业为社会提供的集中供热取代了一大批民间低效散煤取暖，为蓝天工程做出了巨大贡献，但一些地方核定热价时只计入燃料成本，且热价与燃料的联动不到位，导致供热企业出现了严重的热价倒挂现象，阻碍了企业优化生产的再投资。

四是低碳技术支撑不足。突破性低碳创新技术是电力行业真正实现大规模脱碳的重要途径，未来电力行业的近零排放的实现离不开 CCS、生物质能碳捕获与封存技术（BECCS）等碳减排技术的强力支撑。总体来看，我国电力行业的碳减排技术多数仍停留在设计研发的起步阶段，在成本、商业模式及技术水平等层面都还不完善，尚未形成可工业化、规模化应用的创新低碳技术。目前进入示范阶段的低碳技术的应用结果也不尽如人意，无法为电力系统实现低碳转型提供有力支撑。

目前，全球已有多家知名电力企业提出了碳中和时间表，正在通过大力发展风能、水能及太阳能等新能源推动净零排放目标的实现。其中，西班牙伊维尔德罗拉公司提出 2030 年实现碳中和，德国莱茵公司制定了 2040 年碳中和策略，东京电力公司计划到 2050 年实现碳中和，美国杜克能源公司提出了 2050 年前碳中和计划。探索以下符合我国国情的电力行业能源转型路径，已经成为我国各电力企业当前发展的重中之重。

一是坚持能源绿色低碳转型，构建多元化清洁能源供应体系。

推进能源结构优化、加快绿色低碳转型是推动我国电力行业实现产业升级的主攻方向。相关专家建议电力企业以"三型"（基地型、清洁型、互补型）和"三化"（集约化、数字化、标准化）为发展主线，大力推动化石能源清洁化、清洁能源规模化和集约化发展。电力企业要在煤电的清洁低碳利用方面下功夫，开展基于碳排放的运行优化和燃料优化工作，稳步提升煤电的清洁高效利用水平。同时加快新能源跨越式发展，坚持集中式与分布式并举开发清洁能源，分阶段优化布局。

单纯地依赖新能源增长来实现电力系统的低碳转型并不可行。我国需要在统筹平衡、功能互补的前提下，明确各类清洁能源发展定位，坚持能源绿色低碳转型与用灵活性调节资源来补短板二者并重，适度发展气电，积极推进水电开发，安全有序发展核电，合理统筹抽水蓄能和新型储能发展，以实现"水核风光储"等各类电源协同发展。

二是加快跨省和跨区特高压电网建设，提升新能源及时并网和消纳的能力。

国家层面，建议在我国东部、西部分别建设以特高压为骨干网架的能源电力优化配置平台，加快东部、西部两个同步电网建设，实现各级电网协调发展；加快智慧电网建设，加强配电网互联互通和智能控制，满足分布式清洁能源并网和多元负荷用电需求，发挥微电网就地消纳分布式电源、集成优化供需资源的作用,支持新能源优先就地就近并网消纳。

企业层面,电力企业要将全球能源互联网作为企业发展的战略重点,通过把握世界电网发展规律,破除局部平衡思想,加强统一规划,积极开发我国与周边国家、"一带一路"沿线国家的电网互联项目,推动东部电网与东北亚地区(蒙古、俄罗斯远东、朝鲜、韩国、日本)联网,西部电网与东南亚、南亚、中亚、西亚联网,最终形成"西电东送、北电南供、多能互补、跨国互联"的能源格局;推动电网向能源互联网升级,努力打造可再生清洁能源优化配置平台,满足经济社会发展和人们生活用电需求。

三是科学确定煤电发展定位,提升电力系统调节能力。

煤电与非化石能源不是简单的此消彼长的关系,而是协调互补的发展关系。电力企业要加快煤电灵活性改造,优化煤电功能定位,明确煤电将由电量主体转变为容量主体,通过协调煤电与可再生能源的发展节奏,积极采取煤电延寿、退役煤电转为应急备用机组等措施,建设具有良好调峰特性的煤电机组,提高电网调峰能力,在为新能源发展腾出电量空间的同时,提升电力系统应急备用和调峰能力,以确保能源供给安全。电力企业还要大力推进抽水蓄能电站和调峰气电建设,推广应用大规模储能装置,提升电力系统调节能力。

四是坚持创新驱动发展,为电力转型提供强有力的科技支撑。

科技创新是引领高质量发展的第一动力。电力企业应加快建设以企业为主体、以市场为导向的产学研一体化技术创新体系,积极营造有利于能源技术、商业模式、企业治理等方面创新的制度环境。电力企业在全力构建新型电力系统时，要积极参与国家实验室及创新平台建设，围绕"卡脖子"问题大力推动技术攻关，尽快在新型清洁能源发电、新型电力系统规划/运行/安全稳定控制、新型先进输电、新型储能与电氢碳协同利用等技术上取得突破。在基础前瞻性领域，重点攻关高效率/高安全/大容量储能、氢能及燃料电池、高效率光伏发电材料、新型绝缘材料、超导材料、宽禁带电力电子器件等技术；在工程应用领域，重点攻关CCUS、高效率/低成本新能源发电、大规模海上风电、虚拟电厂、源网荷储协调运行、主动需求响应、综合能源系统等技术。电力企业应加快核心技术示范和产业化推广应用，持续加强碳中和关键技术研发和加大示范工程支持力度；加大对高层次人才和创新团队的支持力度，健全市场化选人用人机制和激励约束机制，实现科技创新、制度创新"双轮驱动"，促进电力行业高质量、可持续发展。

五是积极融合新一代数字技术，加快形成竞争优势。

能源科技与数字技术的深度融合正深刻改变着化石能源的发展格局，数字建设已成为全球主要电力企业构筑未来竞争力的重要基础。面对能源发展新格局，我国电力企业应加快推进数字化赋能，将包括大数据、云计算、物联网、人工智能等在内的新一代信息技术与传统业务深度融合，推动信息化管理、数字化发展、智能化运维，实现经营管理方式的转变，提升内部管理水平及管理效能；深化"大云物移智链边"、5G等技术与化石能源电力的融合应用，加快产业、装备和服务的创新与升级，积极探索新业态、新商业化模式；推进统一数字化平台与工业互联网建设，努力打造数字企业、智慧企业。

六是整合能源价值产业链，布局高附加值业务。

电力企业应密切关注碳预算、产业结构、技术、政策等内外部环境的变化，把握电力改革、能源生态重构契机，结合企业优势布局高附加值能源业务，寻找发展新动能，优化低碳转型路径。例如，提前布局战略性新兴产业，论证建设一批储能、氢能等商业化示范项目；加快深远海海上风电、储能、氢能技术研发，积极探索发展配电网、储能、氢能、分布式能源等新业态；加快储能产业化发展，加大氢能领域科技创新力度，积极积累经济发展新动能；积极向产业链下游延伸，拓展能源业务链条，探索城市综合用能新业态，开展能源规划设计、工程投资建设、多能源供应及投融资等服务，大力拓展综合能源服务业务；加强售电业务布局，通过"发售""发配售"一体化等模式布局配售电市场，建立线上售电平台和线下市场营销队伍，培养售电业务人才，开展个性化定价及增值服务等。

七是深化国际产能合作，大力提升全球竞争力。

国际化发展是我国电力企业提升全球竞争力的必要环节。国外大型电力企业将海外布局的重点放在美洲、欧洲、亚洲和非洲，并瞄准新兴市场清洁能源业务，通过直接投资、合作投资、股权收购、技术服务等方式，不断提升全球资源配置能力。相较于这些企业，我国电力企业的国际化业务发展水平仍有一定的差距。我国电力企业应深化国际产能合作，构建共享共赢、互惠互利的新型合作关系，统筹利用国内国际两个市场、两种资源，发挥协同优势，深化与"一带一路"沿线国家及地区的合作，积极布局东南亚、南亚、非洲、中亚、南美等重点市场，同时逐渐向发达国家拓展，培养海外业务增长点，提升境外业务经营发展水平，主动对接所在国家发展规划，打造一批质量优、效益好的示范项目，塑造良好的国际形象；积极参与有关国际标准、行业规则的制定、修订，提升制度性话语权；对照创建世界一流企业指引，加快创建具有全球竞争力的世界一流企业，不断提升国际竞争力和影响力。

追风逐日：能源科技企业的归宿

科学技术的进步是推动能源转型的最大动力，同时是未来发展最大的变量。从这个意义上讲，科技决定能源的未来，科技创造未来的能源。

能源开发、转换、配置、使用等领域的科技创新逐渐成为带动其他领域创新的"发动机""火车头"，未来能源科技企业正朝着低碳化、电气化、智能化、集成化、数字化的方向发展，并带动着新型工业体系的再造和产业链的升级。

从社会发展历程来看，人类在能源问题上一直都秉持"拿来主义"。柴薪、煤炭、石油、天然气都是人类"拿来主义"的成果。但是，从砍柴到煤炭开采再到油田开发，已经不能简单地用"拿来主义"来定义了，技术进步在能源的开采和利用中起到了关键作用，更不用说正在来临的太阳能、风能、核能等新能源的开发和利用了。

人类社会已经从"直接拿来主义"过渡到"间接拿来主义",从直接获取柴薪为能源,到煤炭开发,再到油田开发,科技的重要性日益突显。而对于当下的太阳能、风能、核能等新能源的开发利用,已经没有具体的"矿井"可言。这些新能源具有空间上的遍在性和时间上的波动性,对科学和技术的要求日益提高。

从具体表现上看,风能、太阳能、生物质能、大规模储能、氢燃料电池、第四代核电、天然气水合物等的开发利用越来越离不开科技的支撑,能源科技革命的兴起为能源产业带来了新动能,推动中国化石能源不断实现生产空间、生产工具、生产过程、产品形态、产业结构的升级。科技的发展正在给国家和地区带来从技术与产业上"弯道超车""换道超车"的机遇,各能源科技企业的"护城河"越来越深。

能源利用从本质上来说是能源使用价值的合理配置,如果从这个视角来看待未来能源科技的发展,那么所有的科技都应该围绕有效提升能源使用效率和质量展开。那么,相应的能源科技企业的角色也将发生变化。未来的能源科技企业将以风和光为原料,风光所及之处皆是"煤矿、油田",电池和氢燃料将成为新产品,智能物联网将成为输送线,光伏一体化建筑将成为"新基建"。

我们认为,未来的能源科技企业可能有以下几种角色类型:第一类是能源"制造"企业,无论是化石能源还是新能源,都需要被"制造"出来并销售出去;第二类是能源科技研发企业,这类企业也许不再需要生产"产品",仅靠专利授权就有可能赚得盆满钵满,因为电力这个产品是无差别的标准品，企业不再需要对电力贴牌，而可以直接收取专利授权费用；第三类是能源服务企业，提供区域性的水、电、气、热等多元化能源综合服务，这类企业可能是地方性国有企业；第四类是能源数智服务企业，通过数字化、AI算法模型和大数据技术对能源消费和碳排放进行综合管理；第五类是能源风险管理企业，新能源往往因具有波动性而面临较大风险，因此未来可能出现能源风险管理企业；第六类是负碳科技企业，以负碳技术吸收能源使用所产生的碳排放为主营业务。未来的能源科技企业可以从以下几个方面获得先机。

第一，能源"制造"。

不同于化石能源的煤矿、油田、气田作业，未来的能源开发并不需要满地找矿，只要收集好分散的风、光和水资源，就可以聚沙为塔、集腋成裘了。因此，未来能源科技企业需要做的是在科技层面加大研发力度。例如，研发可再生能源关键技术及装备制造技术，以及太阳能、风能、水能、生物质能、地热能、海洋能等关键技术；提升页岩油、页岩气、天然气水合物等非常规资源的经济高效开发技术；发展核电三代压水堆和四代高温气冷堆技术。当然，还包括一些能源领域的共性关键技术，比如煤炭清洁高效利用与新型节能技术、可再生能源与氢能技术、智能电网技术、煤矿智能化开采技术等。同时，能源科技企业要加强大容量、长寿命、低成本新型储能技术和材料（如大功率动力电池）的研发，以及大容量、超远距离特高压技术，特高压柔性直流技术，特高压、长距离、大容量海底电缆技术的创新和研发。只要这些核心技术有突破，能源科技企业"制造"能源将不再是梦。

第二,能源科技授权服务。

这是一种通过提供能源技术授权产生营业收入的服务。相关企业可能不再需要买矿卖矿、"跑马圈地",因为科技本身就是最大的"矿产"。它们也不需要走授权贴牌的老路,因为电力这个产品是无差别的。东南沿海的风电、核电与西北的风电、光电的成本差异就是这些电力产品最大的区别。

因而,尽最大努力提升风电、光伏等整体技术水平与降低造价、发电成本就是这类企业的核心追求。技术突破的重点除了制造能源的技术,还包括清洁能源发电技术,大容量、高效率、低成本清洁能源开发技术,虚拟同步机、源网荷协调技术,风电、光伏随机性、波动性突破性技术,以及可中断负荷技术。同时,这类企业需要努力将新能源发电技术、储能技术、热电联供技术、智能电网技术等与新一代信息技术相结合。

第三,综合能源服务。

未来的能源供应将是综合能源供应与服务的集成。具体来说,未来的城市能源供应是水、电、气、热等多元化能源和多样化服务的集合,能源"竖井"将被打破。因此,建设集水、电、气、热"四表集抄业务"于一体的综合能源服务平台就成了一大趋势。综合能源服务平台具有以下优势:一是能够实现"四表集抄",省时省力;二是有利于实现综合能源服务业务和"四表集抄业务"的深度融合;三是能够做好履行城市职能与完成减排任务的管控。

当然,这也意味着要突破现有水、电、气、热分散管理、各自为政的管理制度,为客户降本增效、降低碳排放,实现能源网、信息网真正的深度融合。当然，由于提供区域性的水、电、气、热等多元化能源综合服务涉及民生保障，这类服务大概会由地方性国有企业提供。随着业务的衍生，这类企业也会负责城市综合储能、充电桩、局部微网等业务，而商业综合体、医院、学校和工业园区等可能成为这类企业的第一批实验对象。

第四，能源数智服务。

未来的城市能源配置系统将是一个以可再生能源为主导的系统，并且以一个"城市能源大脑"为基础。这个大脑对机器世界和数字世界都有良好的洞察力，能够打通各种信息"竖井"，消除"信息孤岛"，实现智能的终端协同互动。例如，一个城市的所有路灯，如何根据区域、车流、人流来合理管控照明模式及时间？一个大型商场，如何根据其所处的位置、日落日出、天气情况及顾客的多少合理安排照明、室温，使得整个商场能耗最低、碳排放最低？再如，如何把数以万计家庭的分布式家庭发电整合成一个个小型的电站？这就需要通过 AI 算法模型和大数据技术做出能源管理的预测模型来进行解构分析，对能源的使用进行预判，并针对突发情况进行异常诊断分析。这就决定了未来需要高度自动化、高度智能化、高度集成化的能源数智服务，这些服务包括但不限于能源运维监测、能效优化、碳排服务、能源规划、售电服务、微网服务等。

第五，能源风险管理。

能源本身具有一定的风险属性。能源企业受到各种各样不确定因素的影响，包括自然灾害、价格的波动、供需的变化和各种突发事件等。

未来，随着越来越多低成本、可再生能源接入电网，会出现更大的波动性。因风电、光电等本身具有波动性，其价格也会有波动。因此，未来就需要通过智能化手段预测和匹配光伏、风电、储能、电动车等各种能源的生产和消费，帮助用户进行能源风险管理。能源风险管理企业的价值就在于风险管理。这类企业通过风险管理更好地预测应该生产多少风电、光电，储存多少电，通过储能为用户提供更科学的用能管理，甚至通过用能去管理企业或用户的碳资产分散风险等。例如，在2021年8月，特斯拉已经申请注册"特斯拉能源风险投资公司"，同年11月，其卖电申请正式获得批准，特斯拉以能源供应商的身份正式进入德州市场。与化石能源供应商相比，特斯拉的优势在于使用了太阳能和能源存储系统，可避免停电带来的风险或提供停电应急服务。

由于新能源的波动性，未来生产企业对稳定电源系统的需求增加，尤其是一些精密制造行业和信息行业，如芯片、高端仪器制造、大数据中心、区块链等，精密加工技术、自动化、智能化的高标准和严要求决定了其不能冒停电的风险。在未来，能源企业或保险企业推出"停电险"也是有可能的。

当然，另一种新技术——可中断负荷技术也将随着可再生能源的大范围应用迎来"春天"。例如，电网可中断负荷建设、工业领域的可中断负荷控制系统。以我们身边的计算机为例，当我们正在用计算机进行编程、大型工程制图或文本编辑时，突然停电或电源出现故障，尽管会引起计算机死机，但是阶段性的工作成果并不会因为停电而消失，我们也不需要带着怨气从头再来，只需轻松打开计算机继续停电前的工作即可。

第六，负碳技术服务。

现有研究表明，仅依靠自然系统是无法完全吸收人类排放的温室气体的。不少机构和学者的研究表明，我国自然系统吸收的碳排放占全年碳排放的 10%~20%。即便对未来的森林蓄积量持乐观态度，仅靠自然系统实现碳中和也几乎是不可能完成的任务。那么，自然系统无法"消化"的碳排放就要交给科技来解决，尤其是以 CCS 和 CCUS 为首的负碳技术。当然，我们的负碳技术也可以在生产的所有环节实现减碳。例如，在碳排放过程中，低碳技术、低碳工艺对工业流程的再造和提升将大大地降低碳排放；碳排放后，CCS、CCUS 等负碳技术又成为降低大气二氧化碳浓度的关键。因此，负碳科技服务在未来会有很大的发展空间。一方面，CCS/CCUS 会成为电厂及高排放工厂的标配；另一方面，未来的"数据中心+CCS/CCUS"组合也会成为标配。

我们要知道 5G 对能源的使用是 4G 的 3 倍，而未来的数据中心、元宇宙、6G、7G 等都需要大量使用能源。以 CCUS 为代表的负碳技术将是"能源生产清洁化、能源消费电气化"的有效补充。目前，尽管我国在 CCUS 技术研发和应用方面还处于初级阶段，但是凭借负碳技术，我们可以掌握化石能源退出的主动权，把握化石能源退出的节奏，避免因化石能源退出产生的一系列经济问题、社会问题甚至政治问题，使能源变革能够实现"软着陆"。